本书受浙江大学平衡建筑研究中心项目

"石窟寺与古建筑数字化核心技术研究"（K横20203383C）资助。

有器之用

馆藏文物
数字化采集与质量评价

Beyond the Shape

The Digitization of
Museum Collection and
its Quality Evaluation

刁常宇　著

ZHEJIANG UNIVERSITY PRESS
浙江大学出版社

图书在版编目（CIP）数据

有器之用：馆藏文物数字化采集与质量评价 ／ 刁常
宇著. — 杭州：浙江大学出版社，2021.9（2025.8重印）
ISBN 978-7-308-21790-3

Ⅰ．①有… Ⅱ．①刁… Ⅲ．①数字技术－应用－文物
工作－研究 Ⅳ．①G26-39

中国版本图书馆CIP数据核字(2021)第194974号

有器之用：馆藏文物数字化采集与质量评价
刁常宇 著

策　　划	吴伟伟	
责任编辑	陈思佳（chensijia_ruc@163.com）	
责任校对	许艺涛	
封面设计	程　晨	
出版发行	浙江大学出版社	
	（杭州市天目山路148号　　邮政编码　310007）	
	（网址：http://www.zjupress.com）	
排　　版	杭州林智广告有限公司	
印　　刷	杭州捷派印务有限公司	
开　　本	787mm×1092mm　1/16	
印　　张	15.25	
字　　数	300千	
版 印 次	2021年9月第1版　2025年8月第3次印刷	
书　　号	ISBN 978-7-308-21790-3	
定　　价	88.00元	

前　言

在 1.3 万年前，地球上的人口总数从未超过 1500 万人，而现在已经接近了 80 亿人。经历了农业时代、蒸汽时代和电气时代后，人类正飞速进入数字时代。在 2020年，每人平均每秒产生约 1.70MB 的数据，相当于全球每天产生上千万亿 MB 数据。如此巨量的数据中，有相当一部分反映了生活的点点滴滴与社会的发展演进，其中会有多少数据作为人类文明的印记传承至未来呢？我们今天用照相机和三维扫描仪记录的文物信息，在很久以后，是否能比博物馆里的文物更完整、更清晰？如果有一件文物随着时间老化了或是意外损毁了，而在留存下来的照片和数据中存在明显的颜色差异，未来的人们要如何采信和使用它们呢？

我们在参观博物馆的时候，很容易透过金属的锈蚀、雕像的风化和书画的浸渍感受到岁月痕迹，但同时又会相信这些珍贵的历史实证可以在博物馆里一直安全地保存下去。事实上，文物保护人员为了让文物长久保存可谓是操碎了心。除了为文物营造清洁稳定的保藏与展示环境外，还要动态监测微环境中的温度、湿度、气体成分变化，严格控制光照强度和光谱范围，抑制有害微生物的生长，还要配套防火、防震、防盗等一系列措施。然而馆藏文物面临的保存困难依然严峻，国家文物局在2002—2005 年组织过一次馆藏文物腐蚀损害情况调查，调查结论是约 50.7% 的馆藏文物存在着不同程度的腐蚀情况，其中受重度腐蚀的文物达 230 万件，占馆藏文物总量的 16.5%。因此，在加大文物本体保护投入、提升各类文物本体保护技术水平的同时，对馆藏文物进行数字化记录也刻不容缓。与此同时，馆藏文物数字化的成果也能为更好开展文物管理、研究、展示和利用提供基础支撑。

随着数字化技术的发展和普及，我国馆藏文物数字化工作的实施规模逐渐扩大，有越来越多的博物馆和工作团队参与其中。由于馆藏文物类型众多，适合不同文物的数字化技术与设备也多种多样，当前没有，未来可能也不会有统一的作业流程。

在馆藏文物数字化的工作中，可能采用的方法就包括了摄影、平面扫描、摄影测量、结构光扫描仪、手持式扫描仪、关节臂式激光扫描仪等技术与设备，甚至还可能包括光度立体、显微镜、高光谱相机、脉冲式激光三维扫描仪等技术与设备。若无规范性的技术参考和科学的质量评价标准，可能会导致馆藏文物数字化成果技术指标的明显差异，甚至可能会导致部分成果无法满足实际应用需求，也会对未来的数据共享、大数据建设等工作造成困难。本书试图将馆藏文物数字化及质量评价相关的知识进行系统梳理，为相关工作的决策、实施和验收提供参考。

本书第一章对图像采集、三维扫描、摄影测量、色彩管理等数字化技术进行综述，对相关技术设备的发展历史、现状和代表性应用情况进行归纳介绍。第二章对馆藏文物数字化的前期准备工作进行分析，包括现场调研、方案编制和设备配置等，并对人员要求及数据管理提出建议。第三章至第六章分别介绍馆藏平面文物翻拍和二维扫描、三维扫描、摄影测量、三维数据处理等。基于文物数字化应用需求和数字计量的方法，本书第七章提出了对馆藏文物数字化成果的质量评价建议。第八章针对文物数字化成果可能普遍因精度高、数据过大而难以应用的问题，介绍了数据简化处理和网络展示的相关方法。

本书中的文物案例图像，来自与浙江大学多年紧密合作的多家文博单位。感谢它们的鼎力支持，如果没有这些典型数据的呈现，是无法清晰阐释相关技术细节的。本书的写作过程中，浙江大学文化遗产研究院文物数字化团队的成员都做出了各自的贡献，书中很多内容是团队整体经验的体现，非常感谢大家的辛苦努力和支持。

从 2000 年的本科毕业设计开始，我一直在坚持文物数字化的研究方向。所谓坚持，是因为这个研究方向在计算机学科中一直不算热门，而且对文物领域数字化需求的深刻理解也绝非易事。受限于个人能力和对博物馆领域的粗浅认识，书中难免会有很多遗漏和错误，真诚希望得到读者的指点和建议。

1990 年 2 月 14 日，美国国家航空航天局（NASA）发射的旅行者 1 号探测器飞行了 13 年后，在距离地球约 60 亿公里的地方回头拍摄了一组"太阳系全家福"，地球在其中只占了大约一个像素的位置。为了节省电力，NASA 之后就永久关闭了相机。地球，这个"暗淡蓝点"，在宇宙的空间和时间维度中显得如此渺小。对于文物数字化工作的意义，很多人会着意于给遥远未来留存人类记忆的浪漫情结，正如那个"暗淡蓝点"。然而，对于 21 世纪的我们而言，唯有让文物数字化工作更加务实地服务好当前的迫切需求，才能让这项工作走得更远。为馆藏文物数字化工作提供一份系统的技术参考资料，并协助构建文物数字化行业的质量规范，是本书所有参与者共同的初衷和最大的愿望。

目　录

第一章

数字化设备与技术

一、图像采集设备

（一）胶片相机

1. 发展历史

胶片相机，是一种利用光学成像原理形成影像并使用特殊光感材质制作的底片来记录信息的设备。早在公元前 4 世纪的战国时期，我国思想家墨子就已经发现了小孔成像，并记载在《墨经》中。这是人类关于光的直线传播的最早记录，同时期，古希腊思想家亚里士多德也从相同现象中归纳得出"光学法则"。1822 年，法国发明家约瑟夫·尼塞费尔·尼埃普斯使用涂有柏油的玻璃板作为感光材料，成功获得世界上第一张照片。随后，法国美术家和化学家达盖尔发明了银版摄影法，摄影艺术由此诞生。后来，摄影的流行极大地推动了胶片相机的发展。1888 年，美国柯达公司生产出了新型感光材料——柔软、可卷绕的"胶卷"。这是感光材料的一个飞跃，至此，胶片的形态固定下来。在之后很长的一段时间，胶片相机都是摄影界最主要的工具之一。

进入 21 世纪后，数字技术发展迅猛，数码相机便捷、随时拍摄、随时浏览、随时修改、随时分享的压倒性优势，让大多数用户站在了数码相机这一边。但在建筑摄影、电影拍摄尤其是文物摄影等领域，胶片相机依然发挥着重要作用。胶片相机的底片影像层次感强，色彩自然，图纸细腻，宽容度大，能更好地呈现亮部和暗部的细节，在画幅和质感等方面具有明显优势，加之胶片数字化的存在，胶片摄影将在相当长的一段时间内与数字摄影共存。文物保护的过程中，一般要留存文物的空间形态、表面纹理和成分等信息，其中纹理信息是反映文物色彩和直观形象最为主要的信息，因此胶片在文物摄影领域仍有不可替代的作用。

2. 技术简介

小孔成像是相机成像的基本原理。所谓小孔成像，是指由于光的直线传播特性，光线穿过小孔时光源上下部分交换，但成像形状不变，像与光源形状相同，如图 1.1 所示。

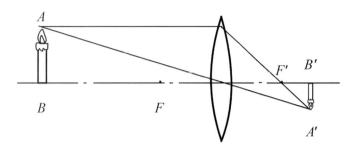

图 1.1　凸透镜成像基本原理

　　一般来说，胶片相机的成像结构如图 1.2 所示，主要由凸透镜、快门、透镜组 1、透镜组 2 以及底片组成。拍摄的影像光线穿过这些部件，投射到底片上从而成像。组件中的焦距调节系统与快门系统是由透镜组 1 和快门构成的，两者连接在一起。在电机的带动下，透镜组 1 和快门可以通过前后移动进行焦距调节，以获得最清晰的图像，并由快门控制曝光时间。

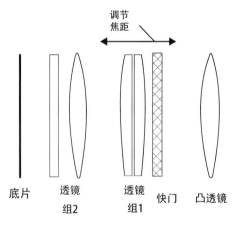

图 1.2　胶片相机成像结构

　　每种胶片（包括彩色胶片）包括一个单层或多层的感光乳剂层和它的支持体——片基。光线照射到乳剂层上后会发生晶体聚结（曝光越强，晶体聚结后的颜色越深），底片上将呈现出不同的层次，产生潜影，在进行显影操作后，便产生影像。彩色胶片有三层感光乳剂层，在这些乳剂层里同时含有彩色耦合剂（成色剂），这些彩色耦合剂在彩色显影时能与彩色显影剂的氧化物耦合成为有色的染料，从而形成彩色影像。

3. 典型案例

中国历代绘画大系

　　由浙江大学、浙江省文物局共同编纂的"中国历代绘画大系"（简称"大系"）是习近平同志 2005 年批准，多年来一直高度重视、持续关注，并多次做出重要批示的一项规模浩大、纵贯历史、横跨中外的国家级重大文化工程。"大系"团队跋山涉水，共梳理、精选并高精度地拍摄、收录了海内外 267 家文博机构的纸、绢（含帛、绫）、麻等材质的中国绘画藏品 12250 余件（套），包括国内 125 家文博机构的 9000 余件（套）藏品和国外 142 家文博机构的 3250 余件（套）藏品，拍摄高精度底片 23000 余张，涵盖了绝大部分传世的"国宝"级绘画珍品。

在如此浩瀚的工程中，"大系"团队选择使用 8 英寸 ×10 英寸的大画幅胶片相机记录中国画的原貌，这是因为胶片可以最大限度地还原中国画独特的水墨滋润感、层次感以及颜色的厚重感。中国画含有大量的中性灰色，这是中国画的重要特点。这种水墨画的灰色有无限的级数，而数码成像对次黑场至灰色部分的色彩层次表现能力较弱，胶片相机却拥有更高的色彩容忍度，从而让被岁月不断侵蚀的中国古画以目前最高精度、最高质量、最为真实的面貌永存。并且，大画幅的胶片可以原大甚至放大展示古画的局部，为研究者和学习者提供了纤毫毕现的古画细节。图 1.3 展示的是项目团队基于"大系"制作的书影。

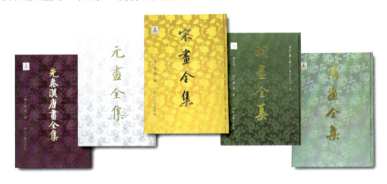

图 1.3　"中国历代绘画大系"

哈佛大学利用玻璃底片相机进行考古记录

早在 20 世纪初，哈佛大学的研究人员就利用玻璃底片相机在埃及金字塔进行考古记录工作，图 1.4 是哈佛大学学者利用玻璃底片相机在吉萨金字塔拍摄的石质人首。

图 1.4　哈佛大学学者利用玻璃底片相机在吉萨金字塔拍摄的石质人首

注：左为正面图，右为侧面图。

青州博物馆藏 24 号贴金彩绘石造像

浙江大学对青州博物馆藏 24 号贴金彩绘石造像使用 8 英寸 ×10 英寸画幅的胶片相机和哈苏 H5D–200C 数码后背相机分别进行了拍摄。胶片相机拍摄的结果用海德堡 DC3000 扫描仪转化为数字图像，哈苏 H5D–200C 相机在 2 亿像素拍摄模式下工作。因采用了不同光源系统，在色温方面略有差异。图 1.5、图 1.6 展示了整体和局部的对比效果。

图 1.5　造像（L0124，青州博物馆藏）图版

注：左为 8 英寸 ×10 英寸胶片相机拍摄，右为哈苏 H5D–200C 相机拍摄。

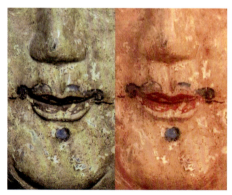

图 1.6　造像局部（L0124，青州博物馆藏）图版

注：左为 8 英寸 ×10 英寸胶片相机拍摄，右为哈苏 H5D–200C 相机拍摄。

（二）数码相机

1. 发展历史

如果说胶片相机的发明带动了人类历史记载方式的进步，那么数码相机的普及无疑是另一场变革，使未来社会的历史考证变得不再模糊。自从 20 世纪 80 年代松下、COPAL、富士、佳能、尼康等公司纷纷推出各自的数码相机原型以来，数码相机几经演变，进入 90 年代后开始蓬勃发展。1999 年，尼康公司发布了首款自行研制的单反数码相机 D1。早期的数码相机均以 CCD 为感光元件，但其昂贵的成本使普通消费者望而却步。2003 年，佳能公司的全新单反 EOS 300 问世，此款采用 APS-C 画幅 CMOS 图像传感器，因此成本大幅降低，首发售价低于 1000 美元，轰动整个数码单反相机领域，推动了单反数码相机平民化发展的进程。至此，CMOS 开启了数码感光元件领域新的征程，如今 CMOS 已占据几乎整个数码相机市场，CCD 已逐步消失。

数码相机的出现不仅在文化遗产信息留存的过程中，对于图像采集的工作起到了重要作用，同时也促进了文物数字化的发展进程。由于数码相机轻巧方便，在文物图像采集过程中，可使用它拍摄大量的文物图片。其优点首先在于拥有感光器件，在色彩和亮度的表现上相对出色。拍摄文物时，使用低 ISO 值设定，可提高画面清晰度。其次，数码相机通过白平衡的调节，可在不同光线照明条件下拍摄，极大地保持色彩平衡，很好地解决了在拍摄中出现的偏色问题。最后，数码相机在拍摄时由于拍摄者所看到的图像就是镜头捕捉到的画面，所见与所得基本上一致，所以画面的边缘设定更加灵活，画面结构相对完整，更能说明主题。

此外，数码相机还有开机速度快，省电，可以手动设置拍照参数、进行特殊拍摄等优点。文物图像有着重要的内涵与价值，这也是需要大量采集文物图像信息的主要原因，通过数码相机采集文物图像资料可以解决许多重要实际问题。

2000 年，数码相机的技术达到了可以使用的最低要求，当时敦煌研究院的科研人员为了保证整体像素足够多，采用了小块拼接的方法，一面墙是由上千张小照片拼接起来的。这样的操作花费了大量的时间和精力。但数码相机不断的发展使得这一过程不断简化，到 2005 年，数码相机的像素达到了能够满足需求的水平，操作流程大大简化。敦煌研究院经过 20 多年的艰苦探索，如今已形成一套完整的数字化采集工作流程，截至目前已经完成了 200 多个洞窟的数字化采集工作。

2. 技术简介

数码相机通过图像传感器将光学信号转变为电信号，再通过电路转换实现数字化，并经过图像处理器分析计算，最终通过显示器还原为我们肉眼看到的真实影像。

CCD 和 CMOS 是数码相机中最常用的图像传感器，基于内部光电效应工作。在光电二极管 p–n 联结的耗尽区，有足够能量的入射光子将产生电子 – 空穴对，从而产生光电流。光电效应产生与辐射功率成线性比例的电流，曝光期间收集的电荷需要存储、放大并最终转换为数字信号。其中包含的微小光敏组件（像素）越多，其提供的画面分辨率也就越高。CCD 和 CMOS 的作用就像胶片一样，能感应光线，并将影像转变成电信号。CCD 可直接将光学信号转换为模拟电流信号，电流信号经过放大和模数转换，实现图像的获取、存储、传输、处理和重现。CMOS 是指互补金属氧化物半导体，作为一种低成本的感光元件，接收外界光线后将光能转化为电能，再通过芯片上的模 – 数转换器（ADC）将获得的影像信号转变为数字信号输出。

CMOS 与 CCD 主要有以下不同：第一，成像过程中产生的噪声水平高；第二，集成性高；第三，读出速度快，地址选通开关可随机采样，获得更快的速度；第四，由于 CMOS 集成度高，各元件、电路之间距离很近，干扰比较严重，噪声对图像质量影响很大。CMOS 电路消噪技术的不断发展为生产高密度优质的 CMOS 提供了良好的条件。

CCD 的优势在于成像质量好，但是由于制造工艺复杂，只有少数的厂商能够掌握，所以制造成本居高不下，特别是大型 CCD，价格非常高昂。CMOS 的优点之一是电源消耗量比 CCD 低，CCD 为提供优异的影像品质，付出代价即是较高的电源消耗量，为使电荷传输顺畅，噪声减少，需由高压差改善传输效果。但 CMOS 将电荷转换成电压，电源消耗量比 CCD 低。CMOS 的另一个优点是整合性高，体积大幅缩小，且良品率高，并与计算机技术整合，实现了规模化生产，成本大幅降低。图 1.7 为 CCD 和 CMOS 信号转换示意。

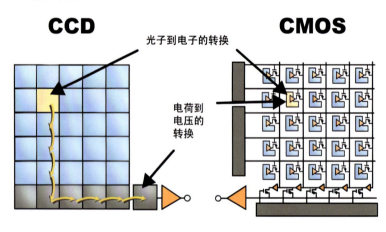

图 1.7　CCD 和 CMOS 信号转换示意

H5D–200C 以哈苏首款 CMOS 中画幅相机 H5D–50C 为基础，结合多重拍摄技术，将 4、6 张相片以每 1 或 1/2 像素移位合成得到一张 2 亿像素的照片。多重拍摄技术原理如图 1.8 所示。

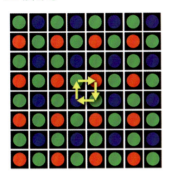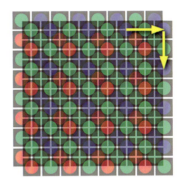

图 1.8　多重拍摄技术原理

由于文物的不可再生等特性，对文物保护工作而言，抢救性记录尤为重要。数码相机允许用户使用同一个传感器进行拍摄和分析，可以实时调整曝光及对焦，拍摄的图像"所见即所得"。这对文物保护工作而言具有得天独厚的优势，目前数码相机已被广泛应用于文物保护行业。同时，数码图像可以方便地存储在电脑上，专业级的数码相机拍摄后得到的 RAW 格式文件，还可以在 Photoshop 等软件中进行编辑，允许用户在出片前自行调节诸如对比度、饱和度和锐度等参数，大大提高了工作效率。目前的数码相机在图像分辨率和色彩容忍度等方面已经可以满足文物保护领域的绝大部分需求，已经逐渐成为文物数字化记录工作中的主流设备之一。

3. 典型案例

中国美术史发展到南北朝时期，中原地区北朝壁画艺术的卓越代表就是距今 1500 余年的娄睿墓壁画，画作精美逼真，震惊美术界。此墓出土于 1979—1981 年，轰动了整个中国文物考古界和绘画艺术界，被誉为当时国内十大考古发现之一，其壁画是上承魏晋、下启隋唐的代表作，填补了绘画史上的空白。

浙江大学采用基于多图像的三维重建技术对一组馆藏娄睿墓壁画（长 1.7 米，高 1.6 米）按照正射影像输出分辨率为 350dpi 进行技术实验，使用佳能 EOS–1Ds Mark Ⅲ 相机共拍摄有效原始图像数据 368 张，完整重建出实验对象的三维模型，模型三角面片数为 25904426 个，数据量达 4.42GB。三维数据清晰地反映了壁画画面内容、笔触、起稿痕迹、修复痕迹等整体内容。图 1.9 和图 1.10 为该组馆藏娄睿墓壁画部分结果展示。

图 1.9　娄睿墓壁画（局部 1，山西博物院馆藏）正射影像

注：左为摄影测量模型纹理正射影像，右为摄影测量模型素模正射影像。

图 1.10　娄睿墓壁画（局部 2，山西博物院馆藏）正射影像

注：左为摄影测量模型纹理正射影像（局部），右为摄影测量模型素模正射影像（局部）。

（三）平面扫描仪

1. 发展历史

　　平面扫描仪的发明主要应用了光电转化的技术原理。1884 年，德国发明家尼普科夫设计了一个穿孔的扫描圆盘，当圆盘转动的时候，小孔把景物碎分成小点，这些小点随即转换成电信号，另一端的接收机把信号重组成与原来图像相同但粗糙的影像，这类似于早期电视的制作原理。到 1939 年，机械扫描系统逐渐被淘汰。经过技术的迭代与跨越式的发展，如今的扫描技术已与早先截然不同，但承接的脉络依然存在。[1]

20世纪80年代出现了由扫描部件、控制电路和传动部件组成的数字扫描设备，它可采用连续逐行扫描的方式得到待扫描区域的数字信号，并对其进行加工处理，按扫描的先后顺序对这些数字信号加以排列，最后产生图像文件。此设备即为扫描仪。

随着生产加工技术的不断发展，为应对各种不同扫描对象的需求，扫描仪发展至今已经五花八门。我们通过功能来对扫描仪进行大致分类。

手持式扫描仪

原先的手持式扫描仪的主机是与扫描头分离的，其精度较差，一般扫描幅面较小并且难以操作，整体扫描质量不佳。随着技术发展，现在手持式扫描仪已经变为一体机，小巧轻便的设计以及精度的提高，满足了普通办公的需求，开始大量占据市场。但其技术突破主要发生在三维扫描技术方面，出现了许多创新产品，如手持式的三维激光扫描仪，可应用于文物的三维数据采集。

平板式扫描仪

平板式扫描仪又称平台扫描仪、台式扫描仪，主要应用于办公领域。一些专门用于扫描书籍的台式扫描仪可扫描一些书籍类的文物。

滚筒式扫描仪

滚筒式扫描仪主要应用于专业印刷领域，与平板式扫描仪的主要区别是它采用PMT光电传感技术，而平板式扫描仪采用的是CCD或CMOS的传感技术。

大幅面扫描仪

相比于平板式扫描仪，大幅面扫描仪的幅面更大，可达到A0、A1，甚至更大幅面。其主要应用于大幅面的书画或者工程图纸等。大幅面扫描仪适合书画等平面文物的数据采集，较为知名的企业有CRUSE等，其现有的大幅面设备扫描幅面可达1.5米×2.5米，在此幅面下的扫描精度为250dpi，国内很多博物馆都有CRUSE生产的扫描设备。

底片扫描仪

底片扫描仪又称胶片扫描仪，精度一般可达2500dpi。使用底片拍摄保存的珍贵文物资料需要使用此类扫描设备转换为高清图片，一些珍贵的文史类资料可能只存在于这些底片之中了。

还有一些专业领域应用的扫描设备如条形码扫描仪、卡片扫描仪等。

---

[1]　潘英. 扫描仪使用与维修 [M]. 国防工业出版社，2007：1–28，93.

2. 技术简介

市面上大部分的扫描仪为平板式扫描仪，其应用面也最广。

扫描仪主要由扫描平台、光学成像部分、机械传动部分、光电信号处理部分组成。扫描平台主要用来放置被扫描物，其四周设有标尺，有正向的非接触式扫描头，也有反向的接触式扫描头，通常有玻璃平板和盖板，可使被扫描物保持平整。机械传动部分可与扫描头相连接，也可与扫描平台连接，功能是使扫描头的扫描线与扫描平台在工作时保持相对垂直的运动，以达到扫描整幅被扫描物的目的。光学成像部分主要由光源、镜头以及电荷耦合器件（CCD）组成。平面扫描仪主要使用线状光源作为照明光源，一般采用冷光源，且需要在可见光波段具有良好的连续性，即光源的显色指数要高，这样被扫描物反射的光才可被镜头接收并成像在 CCD 上，使 CCD 采集到的电信号足够充分。镜头决定了最佳扫描距离，CCD 与镜头共同决定了扫描仪的精度，而 CCD 的质量决定了最终扫描图像的成像质量。扫描仪采用逐行扫描的方式从被扫描物上采集信息，以 e2v ELIIXA 16K 彩色线扫相机作为非接触平板式扫描仪的图像采集模块，其 CCD 排列如图 1.11 所示。

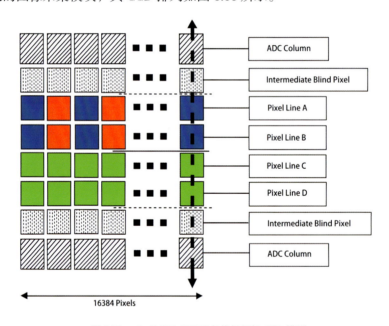

图 1.11　e2v ELIIXA 16K 彩色线扫相机 CCD 排列

其有 4 行带有滤色片的 CCD，每行 16384 个像素，有两行是蓝红相间的传感器，另两行是绿色的传感器。传感器上使用的滤光片可消除其他波段的光而只保留某一波段的光通过，之所以绿色感光元器件较多是因为绿色光线能量较弱，需要布置更大面积的感光元器件来采集。数模转换器模把 3 通道的电信号转换成红绿蓝通道的数字图像信号，其再借助图像处理技术便可在计算机上显示。某一个点采集到的RGB 通道信息为 RG 或者 BG，另一个缺失的通道需要由左右两侧采集到的通道信号插值取得，如图 1.12 所示。

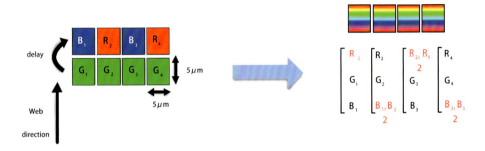

图 1.12　e2v ELIIXA 16K 彩色线扫相机像素插值

3. 优势与局限

大幅面扫描仪的成像原理与相机类似又有所区别。扫描仪使用线阵传感器，而相机采用面阵传感器，如果采集对象幅面较大，且精度需求又非常高，那么大幅面扫描仪是最佳选择，原因在于扫描仪与相机中最为昂贵的单一部件为 CCD，大面积的 CCD 非常贵，在高精度的数字化采集中，对成果图像要求的单边像素个数可能就是几万甚至十几万个，而目前市面上的高端相机传感器分辨率通常也只能达到 8000 像素 × 6000 像素。扫描仪纵向像素是由机械结构带动扫描头获得的，可一次扫描几万行甚至十几万行，完全可以使图像像素达到精度要求。同时，横向像素只需 3 行 CCD 就够了，相比相机极大地降低了这部分的成本，使扫描仪的性价比变得更高。而相机想要达到相同的精度，还需要经过分块拍摄与拼接处理，图像也会产生畸变，所以大幅面扫描仪是高精度文物数字化采集的第一选择。另外，对于平整的被扫描物而言，扫描仪的光源经过调校之后，可以使图像照明非常均匀，整体图像质量得到明显提升，而在用相机拍摄前需要布光、测光，加大了工作量。

但大幅面扫描仪同样有其缺点：一是不易携带搬运，不利于快速响应，无法做到如相机一般上手即可使用。大部分扫描仪安装调试完成后便不会再移动，需要将被扫描物搬去扫描，利用率可能会有所不足。二是大幅面扫描仪对于被扫描物还有平整度方面的要求，由于一般使用的是线性光源，而如果被扫描物整体凹凸度过高，会导致照明均匀性不足，降低图像质量。且大幅面扫描仪一般扫描景深较小，清晰成像范围通常只有 1 厘米，超出部分会变得模糊。对于不平整的被扫描拍摄物，使用相机会是一个更好的选择。

4. 典型案例

根据中国丝绸博物馆对丝绸文物保护的应用需求，浙江大学先后研发了第一代丝绸文物扫描设备（见图 1.13，单次扫描幅面为 10 厘米 × 40 厘米）、超大幅面丝绸文物扫描设备（见图 1.14，单次扫描幅面为 120 厘米 × 240 厘米）。上述设备已可完整覆盖以丝绸文物为代表的二维平面文物数字化采集需要，但受设备自动、对操作场地的要求限制，其更适合于在固定的实验室操作空间使用。

图 1.13　第一代丝绸文物扫描设备

图 1.14　超大幅面丝绸文物扫描设备

在此基础上，浙江大学于 2015 年为中国丝绸博物馆定制研发便携式丝绸文物扫描设备，该设备在保持扫描高分辨率的同时，还具有模块化设计、拆装简便、便于携带与部署等特点，可支持大型数字化工程实施（见图 1.15）。

图 1.15　便携式平面文物高保真扫描设备

依托"新疆维吾尔自治区博物馆馆藏文物数字化建设项目"，浙江大学使用本设备完成了唐彩绘《伏羲女娲绢图》、唐彩绘《侍女双人图》、唐彩绘《双童图》、唐彩绘《仕女弈棋图》、"阿合买提江在三区革命时穿的驼色呢大衣"等190件（套）新疆维吾尔自治区博物馆馆藏一级文物二维数字化高保真采集工作，文物材质涉及纸、木、丝、绵、毛、碳、金、藤等。

新疆维吾尔自治区博物馆藏《仕女弈棋图》

《仕女弈棋图》是唐代佚名创作的绢本设色画，绢本设色，纵63厘米，横60厘米，现藏于新疆维吾尔自治区博物馆。此图是1972年出土于新疆吐鲁番阿斯塔那187号墓的屏风画，出土时已破碎，经修复，重现了大体完整的11位妇女儿童形象。画面以弈棋贵妇为中心人物，围绕弈棋又有侍婢应候、儿童嬉戏等内容，是描绘贵族妇女生活的一组工笔重彩风俗画。此图中贵妇发束高髻，额间描心形花钿，身着绯衣绿裙，披帛，手戴玉镯，做举棋未定、沉思状。她举棋欲置的手指和全神贯注的神情被刻画得惟妙惟肖，表现出作者对生活的深入观察和较高的绘画技巧。画面线条流畅，质感逼真，赋彩凝重，带有浓丽丰肥的周昉仕女画风格。扫描分辨率为1000dpi，数据量为3.79GB。图1.16、图1.17为其整体和局部图。

图1.16　唐彩绘《仕女弈棋图》（整体，新疆维吾尔自治区博物馆藏）

图 1.17　唐彩绘《仕女弈棋图》（局部，新疆维吾尔自治区博物馆藏）

新疆维吾尔自治区博物馆藏《东晋墓主人生活图》

《东晋墓主人生活图》于 1964 年出土于新疆吐鲁番阿斯塔那东晋墓，纸本，纵 46
厘米，横 105 厘米，是分别绘在六张纸上拼合而成的一幅完整画面，反映了东晋时期
豪门贵族的生活。画面上的形象稚拙简率，用笔粗放沉着，色彩单纯，仅用红、黑、
蓝色，明快热烈。这是我国所见保存完好、时代最早的纸画，故弥足珍贵。扫描分
辨率为 1000dpi，数据量为 2.96GB。图 1.18 为整体图，图 1.19、图 1.20 和图 1.21 为
局部图。

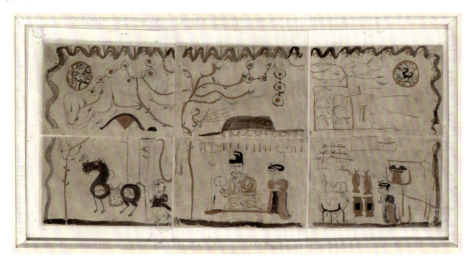

图 1.18　《东晋墓主人生活图》（整体，新疆维吾尔自治区博物馆藏）

图 1.19　《东晋墓主人生活图》(局部 1，新疆维吾尔自治区博物馆藏)

图 1.20　《东晋墓主人生活图》(局部 2，新疆维吾尔自治区博物馆藏)

图 1.21 《东晋墓主人生活图》（局部 3，新疆维吾尔自治区博物馆藏）

（四）光场相机

光场，指的是在空间中每一点向每个方向传播的光芒。捕捉这种多维信息场域可以通过使用一组安装在传感器前面的微透镜来实现。[1] 利用传统成像原理进行拍照的相机在拍照过程中会因被拍摄物体的高速运动或距离较远而失焦、散焦。为了解决这些问题，一种可以捕捉光场信息，在拍摄后灵活选择照片焦点并能完整记录拍摄光线颜色、强度和方向的相机应运而生。

1. 发展历史

1903 年，艾夫斯首次描述了使用相机内部针孔网格成像的方法 [2]，这是光场相机的雏形。1908 年，李普曼又提出了在成像平面前使用微透镜的概念 [3]，解决了 Ives 的针孔网络成像会出现弥散斑的问题。1936 年，格尔顺提出光场的概念 [4]，为视点密集的光场采样提供了灵感。同时，他还提出使用微积分和解析几何的理论来处理光场，但由于计算量庞大，当时缺少便捷的计算工具辅助，Gershun 的理论举步维艰。

[1] Ng R. Digital Light Field Photography[M]. Stanford University Press, 2006.

[2] Ives F E. Parallax stereogram and process of making same: US 725567[P]. 1903-04-14.

[3] Lippmann G. Epreuves reversibles donnant la sensation du relief[J]. Journal of Physics: Theories and Application, 1908(1): 821-825.

[4] Gershun A. The light field[J]. Journal of Mathematics and Physics, 1939(1-4): 51-151.

20 世纪 60—70 年代，微透序列在成像方面的作用被不断强调。[1]直到 90 年代，计算机的普及为斯坦福大学勒瓦教授带领的团队研究光场提供了帮助，他们提出了著名的光场双平面模型。[2]光场双平面模型为之后第一台光场相机的出现奠定了基础。2005 年，基于光场的双平面模型，勒瓦团队先后研制出了用于记录光场的单相机扫描台与阵列式光场相机。[3]勒瓦教授的博士生吴义仁又于同年发明了第一台手持式光场相机。[4]2011 年，吴义仁自己创办的公司 Lytro，先后推出了 Lytro Ⅰ 和 Lytro Ⅱ 两款商业级手持式微透镜型光场相机，其"先拍照，后对焦"的光场摄影技术在当时来说是比较新鲜的黑科技。与 Lytro 几乎同时推出的光场相机还有 2008 年问世的 Raytrix，其主要用于工业、军事等领域。Lytro 和 Raytrix 两大生产商几乎垄断了这一时期的光场相机市场。[5]

但很快，能提供类似拍照体验的功能被移到了多款智能手机上，Lytro 的消费级相机产品（见图 1.22）由于高昂的价格和有限的功能，最终并没有取得很好的市场表现。

图 1.22　Lytro 光场相机设备产品

2. 技术简介

光场相机是在传统相机的镜头与传感器之前加入了微镜头阵列来捕捉不同来源和不同角度的光线，再通过后期算法实现数字变焦的，如图 1.23 和图 1.24 所示。

[1] 张韶辉，胡摇，曹睿，等 . 光场成像原理及应用技术 [J]. 收藏，2020: 179；聂云峰，相里斌，周志良 . 光场成像技术进展 [J]. 中国科学院研究生院学报，2011（5）：563-572.

[2] Levoy M, Hanrahan P. Light field rendering[C]. Proceedings of the 23rd annual conference on Computer Graphics and Interactive techniques, ACM. 1996: 31-42.

[3] Wilburn B, Joshi N, Vaish V, et al. High performance imaging using large camera arrays[J]. ACM Transactions on Graphics, 2005(3): 765-776.

[4] Ng R，Levoy M，Bredif M. Light field photography with a hand-held plenoptic camera[R]. Technical Report CSTR: Stanford Computer Science Tech Report CSTR, 2005.

[5] Magnor M, et al. Digital Representations of the Real World: How to Capture, Model, and Render Visual Reality[M]. A K Peters/ CRC Press, 2015.

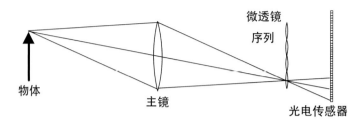

图 1.23　光场相机成像原理（1）

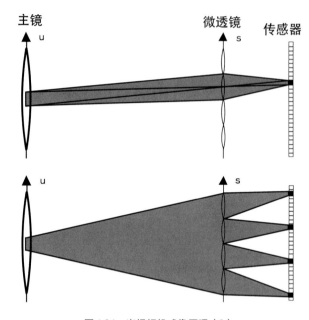

图 1.24　光场相机成像原理（2）

经过主镜头一个区域的光线必定通过微镜头阵列而照射到相应的像素上，这样，光线通过主镜头后，打到微镜头阵列上，并再次成像。由此，使用者通过调节主镜头及微镜头的光圈，可以使得每个微镜头都在传感器上形成一块子图像，而此子图像内的每个像素都可以对应主镜头的一个小区域，这也就达到了记录光线的方向的目的。在后期处理时，只需要对光线重新追迹即可完成重聚焦。

3. 优势与局限

光场相机的优势

相对于传统相机只能储存二维的数据（也就是每个像素对应的辐照），光场相机的优势在于它不仅能储存每个像素对应的照度，还能记录到达该像素的光线的方向。

光场相机致力于让整张照片的每个点都极度清晰，因此其捕捉有关场景光线方向的信息，记录下所有方向光束的数据。这样就可以"聚焦"照片中的任何深度，允许使用者根据实际的画面需要在电脑上利用自带的编辑软件进行对焦，从而获得更清晰的画面效果。即便是在拍照数年后，对照片进行重新构思，仍然可以获得理想的照片。

另外，一般相机在使用时，需要先选定焦点，而光场相机在低光及影像高速移动的情况下，依然能准确地对焦，拍出清晰的照片。其对使用者技术水平的要求也不会很高。有些光场相机如 Lytro 的相关产品，在后期可以调整光圈到 F16，从而获得大景深图片，有很强的灵活性。

光场相机的局限

首先，照片像素偏低是光场相机最需要突破的技术点之一。如 Lytro 的光场相机导出图片的大小为 2450 像素 ×1634 像素，刚好 400 万像素，跟现在动辄 2000 万像素的单反数码相机比起来，清晰度就逊色很多。

其次，光场相机数据需配套软件才能处理。如 Lytro 配套的图像文件有同名的两张，一张后缀为 .LFR，另一张后缀为 .LFP。其中 LFR 文件较大，LFP 文件则较小，较小的 LFP 文件可在 Lytro 专用软件上进行编辑调焦，并最终导出成普通的图片格式用于分享。Lytro 产品提供的导出文件格式除了 TIF、JPG、PNG 等常见图像格式外，还有 XRAW、可编辑动态照片等，这些也都是仅 Lytro 产品支持的格式（见图 1.25）。

☐ IMG_0277.LFP	LFP 文件	585 KB
IMG_0277.LFR	LFR 文件	53,764 KB
IMG_0278.LFP	LFP 文件	667 KB
IMG_0278.LFR	LFR 文件	53,974 KB
IMG_0279.LFP	LFP 文件	666 KB
IMG_0279.LFR	LFR 文件	53,972 KB
IMG_0282.LFP	LFP 文件	651 KB
IMG_0282.LFR	LFR 文件	54,054 KB
IMG_0283.LFP	LFP 文件	655 KB
IMG_0283.LFR	LFR 文件	54,055 KB
IMG_0284.LFP	LFP 文件	676 KB
IMG_0284.LFR	LFR 文件	53,901 KB
IMG_0285.LFP	LFP 文件	679 KB
IMG_0285.LFR	LFR 文件	53,944 KB

图 1.25　Lytro illum 光场相机所采集的原始数据类型及大小概览

最后，不同光场相机的重新对焦范围有限。如 Lytro 产品的重新对焦功能非常明显，但并不是任意的，而是局限在一个范围内，这个范围称作重新对焦范围。如图 1.26 所示，以 Lytro 官方给出的对焦范围为例，在相机焦平面的前后，分别有相应的近重新对焦范围和远重新对焦范围，两者合起来构成重新对焦范围。照片中处在范围内的物体就可以被重新对焦，超出则不能被重新对焦。影响重新对焦范围大小的参数，主要是镜头的焦距和拍摄时的对焦点距离。镜头焦距短，焦点离镜头近，重新对焦范围也相对大些。因此，不同光场相机所能提供的重新对焦范围也会相对有所偏差。

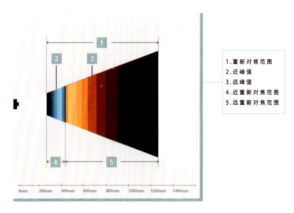

1. 重新对焦范围
2. 近峰值
3. 远峰值
4. 近重新对焦范围
5. 远重新对焦范围

图 1.26 Lytro 重对焦范围

4. 典型案例

光场相机如若能继续升级优化，它在文物领域将会有广泛的应用前景：

第一，重新对焦功能可用于提高三维模型纹理映射的清晰度，对提升场景的三维信息采集质量有很大的帮助。

第二，用于三维建模摄影测量数据采集时，光场相机可降低对现场工作人员技术的要求水平，降低了采集的难度，省略了现场烦琐的对焦环节，提高了采集效率。

第三，光场相机应用于文化遗产展示中的 VR（虚拟现实）和 AR（现实增强）场景，可以随着观察者的移动，动态调节视野内的光线信息，从而达到真实的光影效果。

第四，重新对焦可以得到文物不同视角的照片，再通过后期调整可以仅通过一张照片得到多角度的文物对象信息，有"拍一张得多张"的效果，即在后期可根据研究需要对照片在一定范围内进行重新对焦（见图 1.27、图 1.28、图 1.29、图 1.30）。

图 1.27 参数调整设置界面

图 1.28　对焦范围为彩塑肩部

图 1.29　对焦范围为彩塑身后壁画

图 1.30　对焦范围为全景深

（五）显微镜

显微镜（microscope）一词来源于古希腊词语 mikrós 和 skopeîn，分别意为"小"和"看"。显微镜的历史最早可追溯到公元前 5 世纪，古希腊人发现了水滴具有独特的光学性质，透过水滴看到的物体要比实际的物体大。但是，直到 13 世纪，随着眼镜的发展，简易的显微镜（放大镜）才得到了广泛的应用。[1]

1. 早期发展历史

1620 年，现代显微镜的模型在欧洲被发明了出来，至于发明者是谁这个问题，到现在还众说纷纭。1644 年，显微镜首次用于对有机组织进行显微解剖。17 世纪 60 年代，列文虎克（Antonie van Leeuwenhoek）将显微镜的放大倍率提升到了 300 倍。[2]

20 世纪初，生物学领域的蓬勃发展使得越来越多的科学家不满足于显微镜当时的放大倍数。1931 年，由德国物理学家恩斯特·鲁斯卡（Ernst Ruska）和电气工程师马克斯·克诺尔（Max Knoll）合作发明的第一台电子显微镜——投射电子显微镜问世。1935 年，马克斯·克诺尔（Max Knoll）又发明了扫描电子显微镜（SEM）。[3] 以之为基础，科学家们开始研究并发现了 400 多种形态各异的病毒 [4]，尺寸介于 10 到 250 纳米之间。

1981—1983 年，格尔德·宾宁（Gerd Binnig）和海因里希·罗雷尔（Heinrich Rohrer）发明了一种全新的显微镜，一种基于量子隧道理论的显微镜——扫描探针显微镜（SPM）。他们也因此获得了 1986 年诺贝尔物理学奖。

2. 光学显微镜、电子显微镜和扫描探针显微镜

普通光学显微镜的原理比较简单：物体经过物镜形成倒立的实像，经过目镜进一步放大成像（见图 1.31）。

---

[1]　Bardell D. The invention of the microscope[J]. Bios, 2004(2): 78–84; King H C. The History of the Telescope[M]. Courier Corporation, 2003; Murphy D B. Fundamentals of Light Microscopy and Electronic Imaging[M]. John Wiley & Sons, 2002.

[2]　Liz Logan. Early Microscopes Revealed a New World of Tiny Living Things[EB/OL]. (2016–04–27)[2021–01–27]. http://www.smithsonianmag. com/science–nature/early–microscopes–revealed–new–world–tiny–living–things–180958912.

[3]　Knoll M. Aufladepotentiel und Sekundäremission elektronenbestrahlter Körper[J]. Zeitschrift für Technische Physik, 1935(16): 467–475.

[4]　Goldsmith C S, Miller S E. Modern uses of electron microscopy for detection of viruses[J]. Clinical Microbiology Reviews, 2009(4): 552–563.

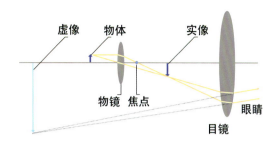

图 1.31　光学显微镜成像原理

　　光学显微镜的分辨率远远不如电子显微镜，因为光学显微镜的分辨率受衍射极限的限制，所以它的分辨率不可能小于入射光波长的一半。但是由于其可以进行实时、动态观察，在文物研究领域中的地位是无可比拟的。

　　电子显微镜分为两类：扫描电子显微镜（SEM）和透射电子显微镜（TEM）。SEM是用一束极细的电子束扫描样品，在样品表面激发出次级电子，次级电子的多少与样品表面结构有关，次级电子由探测器收集，信号经放大用来调节荧光屏上电子束的强度，使之显示出与电子束同步的扫描图像。TEM是以电子束作光源，电磁场作透镜。电子束透过样品，经过聚焦与放大后所产生的物像，投射到荧光屏上或照相底片上供使用者观察。电子束的波长短，并且波长与加速电压（通常为 50 千 ~120 千伏）的平方根成反比。SEM 和 TEM 广泛应用于材料科学、化学领域。一般而言，SEM 主要用于表征材料形貌，TEM 主要用于表征材料内部结构，尤其是晶体结构信息。

　　电子显微镜分辨率高，光学显微镜的分辨率为 0.2 微米，透射电子显微镜的分辨率为 0.2 纳米，也就是说透射电子显微镜在光学显微镜的基础上放大了 1000 倍。但是，大部分电子显微镜只能在真空下工作，同时，只能观察很薄的样本，导致制样过程复杂、困难。

　　扫描探针显微镜（SPM）作为第三代显微镜，采用了与前面两种显微镜完全不同的技术。区别于光学显微镜和电子显微镜这些利用光子、电子的远场显微镜（样品离成像系统有一定的距离），扫描探针显微镜是利用原子之间强相互作用力等微观粒子之间的作用力形成的近场显微镜。如果说光学和电子显微镜是"看"到了物体表面的样子，那扫描探针显微镜就是"摸"出了物体表面的样子，所以分辨率相较这两种显微镜更高。

　　不同于电子显微镜只能提供二维图像，扫描探针显微镜提供真正的三维表面图。同时，扫描探针显微镜不需要对样品做任何特殊处理。但扫描探针显微镜成像范围太小，速度慢，受探头的影响太大。

3. 超景深显微镜

实际上，传统材料分析中使用到的显微镜，并不能满足文物研究的所有需要，主要原因有两方面：一方面，文物本身是脆弱的不可再生资源，往往不能大量采样进行观测，同时还要考虑观测方法对文物的损伤；另一方面，文物的取样观测往往比较困难，多数情况需要原位（现场）分析，而现场的条件往往比较恶劣，未必允许使用高精度的显微镜进行测量。在这种情况下，超景深显微镜应运而生。

景深是评价显微镜的一个重要指标，是指在固定像平面上成像清晰对应的物方深度范围，也就是说在保证得到清晰成像的同时，物体能够在物方空间前后移动的最大距离。传统的光学显微镜只能对一个对焦的平面成像清晰，而超景深显微镜可以形成多个成像清晰的平面，再结合计算机技术，对图片进行降噪、增强等处理，利用三维成像技术，形成三维图像。

超景深显微镜的主要优点在于：第一，相对于电子显微镜和扫描探针显微镜，光学检测不会对文物表面造成伤害，为文物的检测分析提供了安全保障。第二，超大距离景深可以让我们清晰地观测到不同平面的表征。第三，微曲形貌的三维建模和测量功能，利用计算机技术，形成三维图形。第四，设备易于携带。第五，相比于电子显微镜和扫描探针显微镜而言，不需要对样本进行过多的处理。

超景深显微镜的主要应用方向包括：玉器打磨工艺鉴定、珠饰制作加工工艺分析、陶瓷器釉面及断面显微结构特征分析、青铜器修复及腐蚀机理分析、古代字画修复等。

4. 典型案例

扫描电子显微镜也被广泛地应用于文物分析领域。扫描电子显微镜及能谱仪可以在对文物材料微观形貌进行观察的同时进行元素定性分析。利用这种设备，2017 年，研究人员对尼雅出土文物进行检测分析。尼雅遗址位于现今新疆尼雅镇以北 115 千米处，塔里木盆地的南部边缘。该遗址是西汉的精绝国古城遗址，东汉时隶属于鄯善（楼兰），曾是丝绸之路南端上的商业中心。在古代，骆驼商队会经过这里，将货物送往中亚地区，所以尼雅遗址曾是中西方文化重要交流地之一。

如图 1.32 所示，研究人员使用三维超景深显微镜成功地采集了纱线结构、编织结构、微观形貌等组织结构信息。

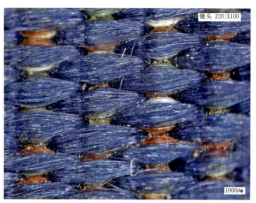

图 1.32　使用超景深显微镜采集的文物考古研究所库藏"五星出东方利中国"
锦护膊微观信息（局部）

注：左为 30 倍显微镜观察结果，右为 100 倍显微镜观察结果。

（六）光谱相机

1. 发展历史

20 世纪 60 年代，随着遥感技术兴起，空间探测和地表探测成为科学家研究的热点，人们希望同时得到地物的影像信息和光谱信息，这一需求引导了成像技术和光谱技术的结合，催生出了光谱成像技术。光谱成像技术是使用单个或多个光谱通道进行光谱数据采集、处理和分析的技术，融合了光谱技术和成像技术，能够同时获得目标物的空间几何信息和光谱信息。光谱相机是利用光谱成像技术的采集仪器，也称为光谱成像仪，根据其光谱分辨率分为多光谱（multi-spectral）、高光谱（hyper-spectral）以及超光谱（ultra-spectral）相机。考虑当前文物数字化工程实践，本部分主要以高光谱相机为例进行说明。

高光谱相机是最近发展起来的，其光谱分辨率在 $10^{-2}\lambda$ 数量级范围内。高光谱成像技术是在紫外到近红外（200~2500 纳米）的光谱范围内，以数十至数百个连续且细分的光谱波段对目标区域同时成像，在获得目标区域空间几何信息的同时，也获得其光谱信息。

目前，高光谱成像技术在食品安全、精细农业、医学诊断、航空航天等领域有着广泛应用，并因其具有无损、非接触、快速成像以及"图谱合一"的特点，已逐渐成为文物保护研究领域关注的热点技术之一。图 1.33 为国产 GaiaField 便携式地物高光谱仪。

图 1.33   国产 GaiaField 便携式地物高光谱仪

2. 技术简介

　　目前高光谱成像技术发展迅速，主要成像技术包括光栅分光、声光可调谐滤波分光、棱镜分光、芯片镀膜等。高光谱相机主要成像方式包括基于滤波片成像和推扫型成像等。目前，在文物保护领域常见的高光谱扫描设备是推扫型光栅分光成像系统，其技术原理为：扫描目标物体的一条线带，光线首先通过光谱仪前置狭缝，然后经过一组透镜后成为垂直于狭缝方向的平行光，光线继续通过分光光栅并在垂直于狭缝方向发生色散，变为随波长展开的单色光，最后该组单色光经过成像系统成像到探测器的不同位置上；继续按照垂直于狭缝的方向对目标物进行逐行扫描，最终得到目标物的二维空间信息与光谱信息（见图 1.34 ）。

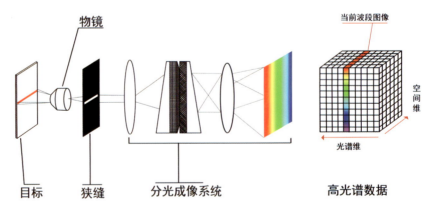

图 1.34   推扫型高光谱相机成像原理 [1]

---

[1]　张保华，李江波，樊书祥，黄文倩，张驰，王庆艳，肖广东 . 高光谱成像技术在果蔬品质与安全无损检测中的原理及应用 [J]. 光谱学与光谱分析，2014（10）：2743–2751.

图 1.35 为高光谱成像系统。系统主要由高光谱相机、成像光谱仪、卤素灯、步进电机及计算机等五部分构成。卤素灯是高光谱成像系统的一个重要部分，它为整个成像系统提供照明。成像光谱仪是高光谱成像系统的核心元件之一，其中分光设备通过光学元件把宽波长的混合光分散为不同频率的单波长光，并把分散光投射到高光谱相机上。高光谱相机是高光谱成像系统的另一个核心元件，卤素灯产生的光与被检测对象作用后成为物理或化学信息的载体，然后通过分光元件投射到高光谱相机上。计算机用来控制高光谱成像系统以采集数据，并针对特定的应用进行图像和光谱数据的处理与分析，还可以为高光谱图像提供存储空间。[1]

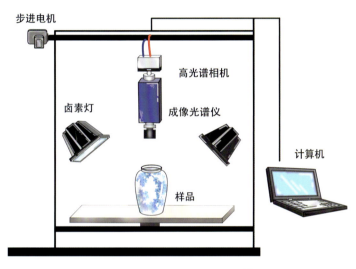

图 1.35 高光谱成像系统[2]

文物高光谱数据同时具备文物的光谱和空间信息，其中图像维展示了目标物的空间几何特征，而光谱维是目标物的光谱反射特征。这不仅为研究分析文物的物理、化学特性提供了较多的信息，而且纳米级的光谱分辨率也为分析文物的细微特征提供了可能（见图 1.36）。

高光谱相机在文物保护工程应用中有着独特的优势，高光谱数据不仅在信息丰富程度方面有了极大的提高，并且在处理技术上融合了图像分析处理的方法，使得数据分析更加直观和准确。但是因其光学系统较复杂，高光谱相机的体积、重量以及成本仍制约着其在文物数字化中的应用。

[1] 张保华，李江波，樊书祥，黄文倩，张驰，王庆艳，肖广东. 高光谱成像技术在果蔬品质与安全无损检测中的原理及应用 [J]. 光谱学与光谱分析，2014（10）：2743−2751.
[2] 侯妙乐，潘宁，马清林，何海平，吕书强，胡云岗. 高光谱成像技术在彩绘文物分析中的研究综述 [J]. 光谱学与光谱分析，2017（6）：1852−1860.

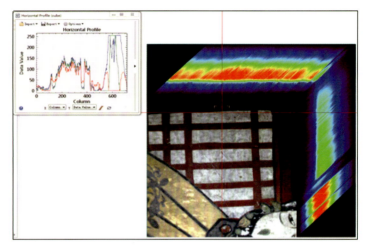

图 1.36　文物高光谱数据立方体以及某一水平方向的光谱曲线

3. 典型案例

当前文物保护分析的新技术中，高光谱成像技术以其无损、非接触、快速成像以及"图谱合一"的特点逐渐成为关注的热点。针对文物保护领域高光谱技术的应用，已有不少学者进行了颜料分析、隐藏信息挖掘和颜色校正等多方向的探索与研究。

有研究人员通过高光谱成像技术对古代书画、石碑等文物进行了颜料、隐藏信息等的分析和研究[1]，推动了高光谱技术在文物研究领域的应用。也有研究人员针对文物的细微特征进行研究和分析，比如分析被青铜锈斑等遮掩的青铜战车的表面图案[2]、污渍或涂鸦等遮挡信息的虚拟去除[3]以及对画作中小裂缝信息的分析提取等。[4]

彩绘文物在成像过程中往往面临颜色失真的问题，借助高光谱相机可以采集其光谱反射率信息，从而得到文物真实的色彩信息，根据此信息校正文物数字化过程中的颜色失真问题。

[1]　侯妙乐，潘宁，马清林，何海平，吕书强，胡云岗 . 高光谱成像技术在彩绘文物分析中的研究综述 [J]. 光谱学与光谱分析，2017（6）：1852−1860；武望婷，谭丽，侯妙乐，等 . 高光谱技术在书画检测中的应用研究——以王震《三秋图》为例 [J]. 地理信息世界，2017（3）：101−106；马文武，侯妙乐，胡云岗 . 基于地面高光谱遥感的石碑特征信息提取 [J]. 北京建筑大学学报，2015（2）：65−69；张陈峰，胡云岗，侯妙乐，吕书强，张学东 . 基于光谱吸收特征分析的彩绘文物颜料识别研究 [J]. 地理信息世界，2017（3）：119−123；丁新峰 . 基于高光谱成像技术的文物颜料研究 [D]. 北京建筑大学，2015；郭新蕾，张立福，吴太夏，张红明，罗旭东 . 成像光谱技术的古画隐藏信息提取 [J] 中国图象图形学报，2017（10）：1428−1435；史宁昌，李广华，雷勇，吴太夏 . 高光谱成像技术在故宫书画文物保护中的应用 . 文物保护与科学，2017（3）：23−29.

[2]　Han D, Ma L, Ma S, et al. Discovery and extraction of surface painted patterns on the cultural relics based on hyperspectral imaging[J]. Journal of Physics: Conference Series, 2019: 032028.

[3]　Hou M, et al. Virtual restoration of stains on ancient paintings with maximum noise fraction transformation based on the hyperspectral imaging[J]. Journal of Cultural Heritage, 2018: 136−144; Pan N, Hou M, Lv S, et al. Extracting faded mural patterns based on the combination of spatial−spectral feature of hyperspectral image[J]. Journal of Cultural Heritage, 2017: 80−87; Pozo Antonio J S, et al. The use of hyperspectral imaging technique to detect the most suitable graffiti−leaning procedure[J]. Color Research & Application, 2016(3): 308−312; Goltz D, Attas M, Young G, et al. Assessing stains on historical documents using hyperspectral imaging[J]. Journal of Cultural Heritage, 2010(1):19−26.

[4]　Gillooly T, Deborah H, Hardeberg J Y . Path opening for hyperspectral crack detection of cultural heritage paintings[C]. 2018 14th International Conference on Signal−image Technology & Internet−based Systems (SITIS), 2018.

书画是人类文明的重要组成部分，蕴含丰富的历史与艺术价值，但因书画文物较脆弱且难以进行取样工作，大量的书画作品缺乏全面科学的材质与工艺分析。高光谱成像技术可以同时获取书画的图像和反射光谱信息，通过数据降维、光谱解混合、数据分类等高光谱数据分析方法，可以对书画涂抹修改信息、颜料类别以及病害等方面进行全面研究分析（见图 1.37）。该类研究充分发挥了高光谱成像技术在书画作品研究分析中的优势，也为书画作品的真伪鉴定提供了科学依据。

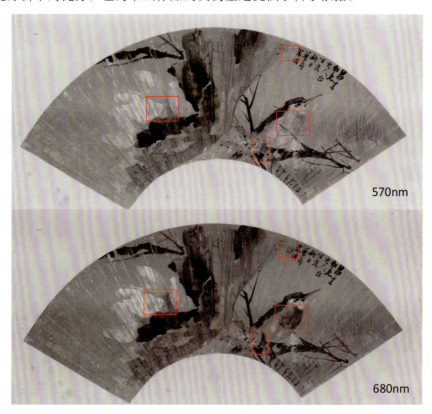

图 1.37　《潘振镛待燕归图》扇页（杭州博物馆藏）

（七）透视相机

透视相机利用相关技术对人肉眼看不到的物体进行成像，一般适用于物体内部或被挡住的物体，现如今的透视相机主要利用的是 X 射线相关技术。

1. 发展历史

德国维尔茨堡大学校长兼物理研究所所长伦琴教授，在他从事阴极射线的研究时，发现了 X 射线。自从伦琴发现 X 射线后，许多物理学家都积极地进行研究和探索。1905 年和 1909 年，巴拉克曾先后发现 X 射线的偏振现象和标识 X 射线；1912年，德国物理学家劳厄发现了 X 射线通过晶体时产生的衍射现象，证明了 X 射线的波动性和晶体内部结构的周期性；1912 年 11 月，年仅 22 岁的劳伦斯·布拉格向剑桥哲学学会报告了 X 射线晶体衍射的形成；1913 年，亨利·布拉格设计出第一台 X 射线光谱仪，并利用这台仪器，发现了特征 X 射线；1912—1913 年，美国科学家威廉·考林杰发明了热阴极管，即真空 X 射线管；在 20 世纪前中期，莫塞莱、凯·西格班和康普顿相继发现了 X 射线光谱、X 射线光电子谱、X 光散射。1971 年，豪斯菲尔德成功研制出世界上第一台 X 射线计算机断层扫描机（computerized tomography，CT），其随后在伦敦的一家医院投入使用，扫描技术得到了更新。它解决了图像重叠的问题，大大提高了医学诊断的可靠性和准确性，使医学成像技术向前迈进了一大步。

在文物领域，随着文物保护"不受干涉"观念的确立，现代检验技术不断发展，经济基础不断提高，X 射线照相技术以其非破坏性和直观性等优势，越来越受到文物研究者的关注。X 射线照相作为文物检验的日常手段，已经在我国文物科学技术研究中日益受到重视和推广，为文物研究提供了良好的技术支持。

2. 技术简介

X 射线在穿透物质时，会因物质的吸收和散射作用而降低强度。X 射线的入射强度与透射强度关系式如下：

$$I_{透} = I_{入} e^{-\mu T}$$

式中，$I_{透}$ 为透射射线强度，$I_{入}$ 为入射射线强度，e 为自然对数，μ 为物质对射线的衰减系数，T 为物质的厚度。

可见，当 $I_{入}$、T 一定时，μ 的大小就决定了 $I_{透}$ 的大小，而衰减系数 μ 由下式决定：

$$\mu = \lambda^3 Z_{物}^3 \rho$$

式中，λ 为射线波长，$Z_{物}$ 为被穿透物质的原子序数，ρ 为被穿透物质的密度。当被检物原子序数（$Z_{物}$）密度（ρ）较大时，则需要选择波长（λ）值较小，即能量较高的射线，使 μ 保持一个适当的值，以获得必要的穿透射线强度；反之，则应选择 λ 较大即能量较低的射线。

被检异物与本体材料的原子序数差别越大，即衰减系数差别越大时，则越容易被检测出来，如书画上的朱砂印章、青铜器皿内部的气孔和缩孔等；而当两者接近时，则影像对比度较小甚至难以识别。被检异物的厚度越大，越易检出，而某些镶嵌物的厚度约为零，因此无法正确识别。

X 射线的强度直接影响曝光量，从而决定底片的黑度。通常在确保能穿透物质的情况下，不要使用过高电压来增加曝光量，这会导致对比度下降，应该通过增加管电流或曝光时间来增加曝光量，从而获得最佳的对比度。

基于文物的材质、厚度、结构及检测目的的多样性、复杂性，合理地选择 X 射线的种类及相应地调整管电压是至关重要的。射线能量太低，则不能穿透被检物质，能量太高又会过度穿透，两者均不能获得理想的影像。[1]

3. 典型案例

2012 年 12 月至 2013 年 11 月，由南京博物院、扬州市文物考古所和苏州市考古所组成的考古工作队在扬州市西湖镇司徒村曹庄发掘了两座古代砖墓，考古发掘和研究证明为隋炀帝萧后墓。[2] 其中，在萧后墓棺椁的东侧出土一件保存比较完整的冠，这是目前考古发现等级最高、保存最完整的冠，应为隋唐时期的命妇礼冠。研究人员通过 X 光探伤技术等现代分析手段对萧后冠进行检测分析（见图 1.38、图 1.39、图 1.40）后，成功揭示其纹饰特点、结构特征、材料属性和加工工艺等，确定了萧后冠的组成结构和制作时使用的材料[3]，为考古学、技术史、艺术史等深入研究提供了诸多科学依据。图 1.41 为文物保护工作者在研究基础上仿制的萧后冠。

图 1.38 萧后冠框架结构的 X 光影像

[1] 丁忠明，吴来明，孔凡公 . 文物保护科技研究中的 X 射线照相技术 [J]. 文物保护与考古科学，2006（1）：40-48.

[2] 南京博物院，扬州市文物考古研究所，苏州市考古研究所 . 江苏扬州市曹庄隋炀帝墓 [J]. 考古，2014（7）：71-77.

[3] 杨军昌，束家平，党小娟，柏柯，张晓，刘刚，薛柄宏 . 扬州隋炀帝萧后墓实验室考古简报 [J]. 考古，2017（11）：68-78；党小娟，杨军昌，李睿，束家平 . 隋炀帝萧后墓出土发钗材料与工艺初步研究 [J]. 文物保护与考古科学，2018（4）：1-10；陕西省文物保护研究院，扬州市文物考古研究所 . 花树摇曳 钿钗生辉——隋炀帝萧后冠实验室考古报告 [M]. 文物出版社，2019.

图 1.39　萧后冠中保存状况极差的右博鬓及其 X 光影像

注：上为右博鬓可见光图像，下为右博鬓 X 光影像。

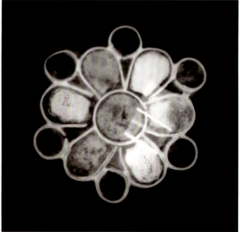

图 1.40　萧后冠中保存状况极差的钿花及其 X 光影像

注：左为钿花可见光图像，右为钿花 X 光影像。

图 1.41　文物保护工作者仿制的隋炀帝萧后冠（拼版照片，新华社 9 月 5 日摄）

注：左为萧后冠正面，右为萧后冠背面。

二、三维扫描设备

（一）结构光扫描仪

1. 发展历史

结构光扫描仪（见图 1.42）是一种三维扫描仪，主要利用投影光源和相机捕获物体信息，再用三维扫描软件在仪器上生成三维模型。该模型包含物体表面特征、几何信息等。

图 1.42　天远结构光 OKIO-9M 三维扫描仪

20 世纪中叶，科学家们希望有一种仪器能够精确地重构物体的三维模型，于是，60 年代，三维结构光扫描仪被发明了出来。最早的三维结构光扫描仪由于设备的限制，需要很长的时间才能将物体扫描出来，同时效果欠佳。而随着计算机的发展，在计算机上手工创建一个三维模型，已经不是难事了。但当时的人们因为没有合适的扫描工具，只能用卷尺测量物体的外观，再利用电脑进行手动建模。这种情况加速了三维结构光扫描仪的发展。

1994 年，一款新的扫描仪 REPLICA 问世，其利用激光条纹扫描技术，解决了扫描速度和精度的问题。同时，Cyberware 公司开发了一款高精确度并且能够识别物体颜色的扫描仪。随后的几年，不同的公司和个人又对原有的扫描仪进行了改进。至今，科学家们已经对三维扫描仪设立了标准，分别从精确度、速度、三维的真实度、颜色的真实度和价格几个方面给出了标准。[1]

2. 技术简介

三维结构光扫描仪的基本原理很简单，就是将窄带的光投影到三维形状的表面上会产生一条照明线，该照明线从投影器的其他角度看来存在一定的变形，这种变形可用于表面形状（光覆盖的部分）的几何重建。

关键问题是如何确定在投影器上看到的图像上的点，是从哪个物体上反射过来的，即如何对应像素点的问题。最开始，人们联想到可以模拟人的双目，利用两个相机，放置在不同的位置，通过两个相机的成像，对比成像的不同，判断物体的空间信息。但是这种方法局限性很大，如果成像中没有参照点，则没有办法得到空间信息。例如，如果两个图像都拍的是白墙，由于像素点类似，不能分辨其中一个相机中的某个像素点对应到另一个相机中成像的位置。

特征点的缺失是双目测距的一大痛点，有学者提出，既然缺少特征点不如就造一些特征点出来，这就是结构光。主要是利用两个传感器，一个是相机，一个是点阵投影仪。主要方法是对图像进行编码（见图 1.43），从而确定每个像素点对应的位置，提取空间信息，编码的长度越长，分辨率越高。

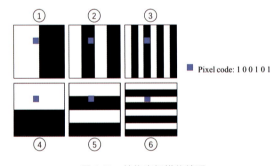

图 1.43　结构光扫描仪编码

---

[1]　高晓辉、蔡鹤皋.三维数字化测量系统研究 [J].中国机械工程，2000（10）：90-93.

3. 典型案例

北京房山云居寺藏铜鎏金度母坐像，通高 110 厘米。扫描针对不同部位，分别采用 OKIO-5M-400 和 OKIO-5M-100 两个型号的结构光扫描仪。其中，OKIO-5M-400 用于获取整体三维数据，OKIO-5M-100 用于获取精细特征。通过扫描仪对文物各个不同角度的扫描，实现对各个部位的三维数据采集（见图 1.44、图 1.45、图 1.46、图 1.47）。

图 1.44　天远 OKIO-5M-400 扫描仪获取的铜鎏金度母坐像（北京房山云居寺藏）素模正视图

图 1.45　天远 OKIO-5M-400 扫描仪获取的铜鎏金度母坐像（北京房山云居寺藏）素模后视图

图 1.46　天远 OKIO-5M-100 扫描仪获取的铜鎏金度母坐像头部（北京房山云居寺藏）素模正视图

图 1.47　天远 OKIO-5M-100 扫描仪获取的铜鎏金度母坐像头部（北京房山云居寺藏）素模左视图

（二）三维脉冲激光扫描仪

1. 发展历史

三维脉冲激光扫描仪（见图 1.48）主要由激光射器、接收器、时间计数器、马达控制可旋转的滤光镜、控制电路板、微电脑、CCD 机以及软件等组成。三维脉冲激光扫描仪能够提供扫描物体表面的三维点云数据，因此可以用于获取高精度、高分辨率的数字地形模型。三维脉冲激光扫描仪是 20 世纪 90 年代中期开始出现的一种设备，是继全球定位系统（GPS）之后又一项测绘技术新突破。它通过高速激光脉冲扫描测量的方法，大面积、高分辨率地快速获取被测对象表面的三维坐标数据，可以快速、大量地采集空间点位信息，为快速建立物体的三维影像模型提供了一种全新的技术手段。由于其具有快速性，不接触性，实时、动态、主动性，高密度、高精度，数字化、自动化等特性，其应用推广已经像 GPS 一样引起了测量技术的又一次革命。[1]

图 1.48　三维脉冲激光扫描仪 FARO X330

2. 技术简介

三维激光扫描仪探测过程主要是通过扫描仪发出某种辐射或光，并检测其反射或穿过物体的辐射，以探测物体或环境。可能使用的激光类型包括光、超声波或 X 射线。三维激光扫描仪可依据不同的原理测量出物体的空间结构信息。

三维脉冲激光扫描仪是一种主动式扫描仪，它使用激光来探测对象。这种扫描仪的核心是飞行时间激光测距仪，激光测距仪通过对光脉冲的往返时间进行计时来确定表面的距离。激光用于发射光脉冲，并测量检测器看到反射光之前的时间量。由于光速是众所周知的，往返时间决定了光的传播距离，是扫描仪与表面距离的两倍。飞行时间激光测距仪由于原理限制，仅检测其视线方向上一点的距离。因此，扫描仪通过改变测距仪的视野方向来扫描不同的点，一次一个点地扫描其整个视野。激光测距仪的视角可以通过旋转测距仪本身或使用旋转镜系统来改变。后一种方法是常用的，因为镜子要轻得多，因此可以旋转得更快，精度更高。典型的三维脉冲激光扫描仪每秒可测量 1 万 ~10 万个点的距离。

另一类基于三角测量的三维激光扫描仪也是使用激光探测环境的有源扫描仪。三角测量激光将激光照射在对象上，并利用相机寻找激光点的位置。根据激光与表面

---

[1]　Cui Y, Schuon S, Chan D, et al. 3D shape scanning with a time-of-flight camera[C]. 2010 IEEE Computer Society Conference on Computer Vision and Pattern Recognition, 2010.

的距离，激光点出现在相机视野中的不同位置。这种技术被称为三角测量，是因为激光点、相机和激光发射器形成一个三角形。三角形一侧的长度、相机和激光发射器之间的距离是已知的，激光发射器角的角度也是已知的，可以通过查看激光点在相机视野中的位置来确定相机角的角度。[1]

3. 经典案例

泉州湾宋代海船现藏于福建泉州海外交通史博物馆（泉州开元寺古船陈列馆），1974 年 8 月至 9 月出土于福建省泉州市东郊的后渚港区，为宋代泉州造的中型远洋贸易木帆船，该船属方艄、高尾、尖底的福船类型，残长 24.2 米，宽 9.2 米，复原后长 34.0 米，宽 11.0 米，排水量近 400 吨，载重 200 吨，是我国考古发现的体量较大、年代较早且保存相对完整的古代沉船。

为了加强古船四有档案建设，促进科学深入开展保护、研究和管理等诸项事业，使文物的珍贵价值得到更加充分的发掘和展示，馆方决定对古船进行全面翔实的数字化保护。图 1.49 为浙江大学团队使用 FARO X330 的工作现场。

工作主要包括以下几方面的内容：第一，使用浙江大学自主研发的基于多图像的三维重构技术进行三维数字化；第二，使用浙江大学自主研发的高精度纹理自动映射软件结合彩色点云数据、激光扫描数据（见图 1.50）、纹理映射图像数据对古船三维模型进行高精度的纹理自动映射；第三，进行全站仪、GPS 测绘作业，测量点不少于 100 个，布点均匀，充分保障数据平差的需要；第四，形成泉州湾宋代海船的高清精准三维模型，并据之制作出正射影像图（见图 1.51）、剖面投影图（见图 1.52）等图件。

图 1.49　使用 FARO X330 现场扫描福建泉州海外交通史博物馆藏泉州古船

---

[1]　吴邵明，梁晓娜 . 超大型石窟寺三维几何重建技术的研究 [J]. 城市勘测，2017（5）：164-167.

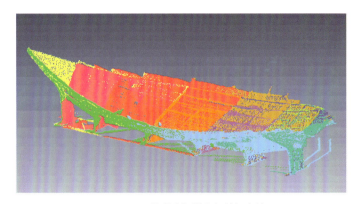

图 1.50　三维激光扫描分组数据合并

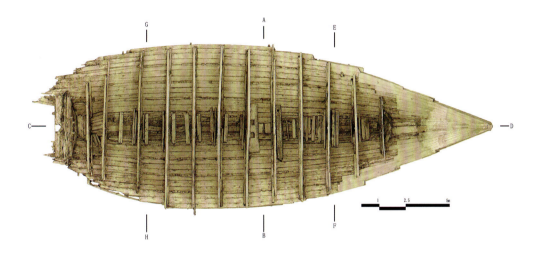

图 1.51　泉州古船俯视正射影像图

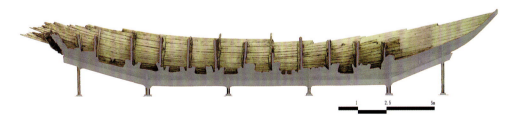

图 1.52　泉州古船 CD 剖面 B 向正射影像图

三、关节臂扫描仪

1. 发展历史

关节臂扫描属于高精度三维扫描，是一种利用三维激光雷达获取某目标空间三维点坐标及灰度信息的一种高新测绘技术。它利用激光扫描装置自动、系统、快速地获取对象表面的三维坐标，是一种高精度的测量手段，其单点定位精度可达到亚毫米级。

关节臂扫描仪是在关节臂测量机上添加激光扫描仪，可以进行非接触式扫描，弥补了关节臂测量机的缺陷。Cimcore 公司在 1986 年推出第一台关节臂式坐标测量机，成为便携式关节臂测量机的创始人，该测量机能够在车间或实验室环境下进行检测、测量和逆向工程的企业设计。目前，该公司的制造机构位于法国和美国，并专长于在全球范围内提供技术先进、功能优异、质量稳定的关节臂式坐标测量机。国内关节臂式坐标测量机的研究工作起步较晚，目前研制出的样机屈指可数，且其性能也与国外产品差距较大。哈尔滨工业大学是国内最早从事关节臂式坐标测量机研究的单位，叶东等在 20 世纪 90 年代末期研制出一种关节臂式坐标测量机，并对运动学建模和标定进行了研究。随后，合肥工业大学、天津大学、华中科技大学、浙江大学也相继对关节臂式坐标测量机进行了研究。[1]

如图 1.53 所示，意大利 RPS Metrology 公司的 EVO-X 关节臂扫描仪建立了新一代关节臂测量机的标准。它自带接触式测头，并整合了激光扫描仪的便携式关节臂测量机，用于检测和逆向工程。由于极其稳定的机械结构设计、轻量化的结构以及采用自动温度补偿，其不需要校准及预热。任何人都不需要长时间培训就可使用 EVO-X。它内置高容量电池，可进行 12 小时的接触式测量或 8 小时的激光扫描，内置无线 Wi-Fi，可直接用于车间测量。EVO-X 高品质激光扫描技术可扫描高亮、反光、黑色及复合材料表面，不用在被扫描表面做任何处理。

图 1.53　EVO-X 关节臂扫描仪

---

[1] 高贯斌 . 关节臂式坐标测量机自标定方法与误差补偿研究 [D]. 浙江大学，2010.

2. 技术简介

1 个 6 自由度配置的关节臂扫描仪由基座、3 个测量臂、6 个活动关节和 1 个扫描测头组成。3 个测量臂互相连接，可在空间无限旋转和摆动，以适应测量需要。下面根据 D–H 方法建立测量机坐标系统，如图 1.54 所示。根据 D–H 方法可知，相邻坐标系（x_i, y_i, z_i）与坐标系（$x_{i-1}, y_{i-1}, z_{i-1}$）的齐次变换矩阵为：

$$T_{i-1} = \begin{bmatrix} \cos\theta_i & -\sin\theta_i\cos\alpha_i & \sin\theta_i\sin\alpha_i & l_i\cos\theta_i \\ \sin\theta_i & \cos\theta_i\cos\alpha_i & -\cos\theta_i\sin\alpha_i & l_i\sin\theta_i \\ 0 & \sin\alpha_i & \cos\alpha_i & d_i \\ 0 & 0 & 0 & 1 \end{bmatrix}$$

式中，$i=1$，2，$\cdots$，6，其中 l_i、d_i 均是由机械结构所确定的已知参数。通过依次前乘前一个坐标系的变换矩阵可以得到全局变换矩阵，即测头所在坐标系（x_6, y_6, z_6）与基座所在坐标系（x_0, y_0, z_0）的变换矩阵：

$$T_{06} = T_{01} \times T_{12} \times T_{23} \times T_{34} \times T_{45} \times T_{56}$$

设测头所在坐标系中的坐标为（l_x, l_y, l_z），则测头在基坐标系中的空间三维坐标为：

$$P_{\text{probs}} = T_{06} \times [l_x \quad l_y \quad l_z \quad 1]^{\text{T}}$$

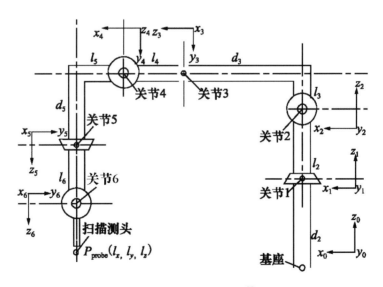

图 1.54　关节臂坐标系统[1]

---

[1]　刘永平，廖福林，邓海青，崔润中，许杰 . 基于关节臂扫描仪的非圆齿轮齿厚加工误差测量方法研究 [J]. 制造技术与机床，2019（12）：138-141.

这种关节臂扫描仪符合人体工程学的经典轻巧设计，使得单人就能完成扫描工作，并且扫描时无须贴点，能够节约时间及耗材成本，精度高且稳定。但对于规模较大的扫描件，使用关节臂扫描仪扫描耗时较长，甚至需要移动基座进行多次扫描。

3. 典型案例

以青州博物馆藏龙纹玉壶春瓶为例，该瓶在 1985 年 4 月出土于山东省青州市粮食中转库铁路西侧元代墓葬。口径 8.8 厘米，底径 9.3 厘米，高 30.0 厘米。圈足略外撇，器底轮旋纹明显。胎质较薄，胎体坚致细密。釉质细腻而莹润，白中泛青。器底施薄釉，通体没有明显的积釉之处。胎与釉交接处呈现火石红色。器纹饰上下分八层，口沿内绘卷草纹一圈，颈部饰蕉叶纹、变形回纹，肩部及近底处饰莲瓣纹、卷草纹各一圈，腹部主体纹饰为龙纹。借助于关节臂扫描仪的高精度扫描，釉面下青花颜料得以纤毫毕现。图 1.55、图 1.56 和图 1.57 为部分结果图。

图 1.55　"元青花玉壶春瓶"（青州博物馆藏）正射影像图

注：左为高清自动纹理映射正射影像图，右为 FARO 关节臂扫描仪扫描素模正射影像图。

图 1.56　使用 FARO 关节臂扫描仪扫描的 "元青花玉壶春瓶"（局部，青州博物馆藏）正射影像图

图 1.57　使用 FARO 关节臂扫描仪扫描的 "元青花玉壶春瓶"（局部，青州博物馆藏）高清自动纹理
映射正射影像图

四、手持式三维扫描仪

1. 发展历史

手持式三维扫描仪是拍照式三维扫描仪之后出现的一款线三维激光扫描仪，顾名思义，其光源为线激光。随着行业的发展，现在手持式三维扫描仪技术已经成熟，

已经不再是单线激光扫描了，可包含 7 条、14 条或更多激光线。其精度也几乎能与拍照式三维扫描仪媲美，并且其扫描速度成倍增长，不但节约时间和成本，给用户的体验也大大优化。近几年，手持式三维扫描仪飞速崛起，已经开始逐步替代拍照式三维扫描仪，其方便快捷、操作简单给了用户较佳的体验。

国际上较为知名的三维扫描仪制造商有：美国的 Artec，主要生产手持式扫描仪，精度达 0.1 毫米；美国的 Cyberware，主要技术为线扫描；美国的 FARO，设备便携，简单易用，是应用范围最广的扫描仪品牌之一。

国内比较有代表性的生产企业有北京天远三维科技有限公司，它是国内第一家获得国家发明专利的拍照式扫描仪厂家，其生产的设备 FreeScan UE（见图 1.58），作为FreeScan 系列的蓝色激光手持式三维扫描仪，继承高精度、稳定的重复精度的标志性特点，同时着力于人体工学与轻量化的设备设计，握持设备操作更轻松，为汽车工业、交通运输、航空航天、模具检测、能源制造及机械制造等行业提供计量级的高精度检测方案。

图 1.58　FreeScan UE

2. 技术简介

手持式三维扫描仪系统主要包括信息输入、数据采集和数据处理输出设备。信息输入部分主要由激光扫描系统、两个 CCD 摄像机及照明设备组成。两台摄像机的图像平面和被测物体之间构成三角形，根据前方交会定点原理进行测量，已知两台摄像机之间的位置关系，即可获得两台摄像机公共视场内物体空间特征点的三维坐标。

设：摄像机 a、b 的坐标系分别为 $O_aX_aY_aZ_a$ 和 $O_bX_bY_bZ_b$；像面坐标系为 $X_aO_{1a}Y_a$ 和 $X_bO_{1b}Y_b$；两摄像机的焦距为 f_a 和 f_b。空间被测量点 ρ 在摄像机 a、b 测量坐标系中的坐标分别为（x_b, y_b, z_b）和（x_a, y_a, z_a），两者之间的关系可表示为：

$$\begin{bmatrix} x_b \\ y_b \\ z_b \end{bmatrix} = M_{ab} \begin{bmatrix} x_a \\ y_a \\ z_a \\ 1 \end{bmatrix} = \begin{bmatrix} R & T \end{bmatrix} \begin{bmatrix} x_a \\ y_a \\ z_a \\ 1 \end{bmatrix}$$

式中：R 为旋转矩阵，表达两摄像机坐标系的旋转关系；T 为平移变换矢量，表达两摄像机坐标系的平移关系。

空间被测量点与其在摄像机像面坐标系中对应像点坐标（X_a, Y_a）、（X_b, Y_b）之间的关系用齐次坐标可表达为：

$$\rho \begin{bmatrix} X_a \\ X_a \\ 1 \end{bmatrix} = \begin{bmatrix} f_a & 0 & 0 \\ 0 & f_a & 0 \\ 0 & 0 & 1 \end{bmatrix} \begin{bmatrix} x_a \\ y_a \\ z_a \end{bmatrix}$$

$$\rho \begin{bmatrix} X_b \\ X_b \\ 1 \end{bmatrix} = \begin{bmatrix} f_b & 0 & 0 \\ 0 & f_b & 0 \\ 0 & 0 & 1 \end{bmatrix} \begin{bmatrix} x_b \\ y_b \\ z_b \end{bmatrix}$$

由上面两式可解出曲面目标点的空间三维坐标：

$$\begin{cases} z_a = \dfrac{T_x f_a X_b - T_x f_a f_b}{H} \\ x_a = \dfrac{X_a}{f_z} z_a \\ y_b = \dfrac{Y_a}{f_a} z_a \end{cases}$$

式中，$H = f_b (R_1 X_a + R_2 Y_a + R_3 f_a) - X_b (R_7 X_a + R_8 Y_a + R_9 f_a)$。[1]

随着三维激光扫描技术的发展，三维激光扫描仪的扫描精度、扫描速度和扫描设备的便携程度不断提高，手持式三维激光扫描仪的出现，给文物保护领域提供了一种新的解决方法。手持式三维激光扫描仪也叫第三代扫描仪，它具有以下优点：第一，扫描分辨率高，可达 0.50~0.10 毫米，即使是复杂的物体，它也能获得详细的纹理细节信息；第二，扫描精度高，可达 0.10~0.05 毫米，能有效地保证生成的模型质量；第三，目标点自动定位，无须臂或其他跟踪设备，STL 格式可快速处理数据，自动生成 STL 三角网格面；第四，尺寸小，重量轻，便于操作者长时间工作；第五，灵活方便，手持任意扫描，扫描速度快，可内、外扫描，无局限，能对不同尺寸的物体进行扫描。

3. 典型案例

"多宝塔碑"全称为"大唐西京千福寺多宝佛塔感应碑"，是唐天宝十一年（752年）由当时的文人岑勋撰文，书法家徐浩题额，书法家颜真卿书丹，碑刻家史华刻

[1]　姜洋 . 三维人体扫描仪的生产概况 [J]. 黑龙江科学，2017（2）：9.

石而成，是楷书书法作品。碑高 285 厘米，宽 102 厘米，现今保存于西安碑林博物馆第二室。浙江大学于 2018 年使用 MetraScan 三维激光扫描仪对其进行了高保真数字化采集（见图 1.59），完整获取了"多宝塔碑"高精度三维激光模型，并使用高分辨率自动纹理映射技术完成模型的纹理映射工作（见图 1.60）。

图 1.59　采集"多宝塔碑"（西安碑林博物馆藏）的工作照

图 1.60　"多宝塔碑"（西安碑林博物馆藏）采集结果

注：左为"多宝塔碑"激光正立面正射影像，右为"多宝塔碑"正立面碑文。

五、基于图像的三维重建

（一）摄影测量

1. 发展历史

摄影测量，顾名思义，是通过被摄物体的影像恢复物体三维形状和空间位置的技术，发源于测绘学领域。摄影测量的发展史可以追溯到 19 世纪中叶的摄影发明时期。进入 20 世纪以来，伴随着新兴科学技术尤其是信息技术的迅猛发展，人类进入了信息时代，摄影测量也经历了从模拟摄影测量、解析摄影测量到数字摄影测量的演化。1957 年，海拉瓦提出了"用数字投影代替物理投影"的概念，1961 年，意大利 OMI 公司与美国 Bendix 合作，制造出世界上第一台解析测图仪 AP-I。[1]20 世纪 80 年代以来，摄影测量技术进一步发展。90 年代，摄影测量技术进入实用阶段。

在计算机视觉领域，通过物体影像恢复三维信息的方法被称为三维重建（如无特殊说明，这里的三维重建指的是基于图像的三维重建）。摄影测量往往侧重于记录大而全的地理位置信息，从而绘制地形图，因此只需进行稀疏重建，而三维重建的目标则是制作物体的精密三维模型，同时为了解决遮挡问题，需要多张影像参与计算，多视图三维重建算法应运而生。目前，多视图三维重建的影像可以来源于几乎是任意的照片采集装置，数码后背、手机甚至互联网搜集的图像都可以利用当下的算法取得较好的重建结果。在本书中，为了方便读者理解，我们将以上基于摄影测量的三维重建统称为摄影测量技术。在实际应用中，除了 Bundler、VisualSFM、OpenMVS、COLMAP 等开源软件，收费的 PhotoScan、ContextCapture、RealityCapture 等软件也被广泛地应用于馆藏文物的数字化中。[2]同时，摄影测量技术可有效实现自动纹理映射，很好地解决了手工贴图带来的精度差等问题。图 1.61 为 RealityCapture 的操作界面。

---

[1]　李德仁. 摄影测量与遥感的现状及发展趋势 [J]. 武汉测绘科技大学学报，2000（1）：1-6.

[2]　刁常宇，李志荣. 石质文物高保真数字化技术与应用 [J]. 中国文化遗产，2018（4）：61-67.

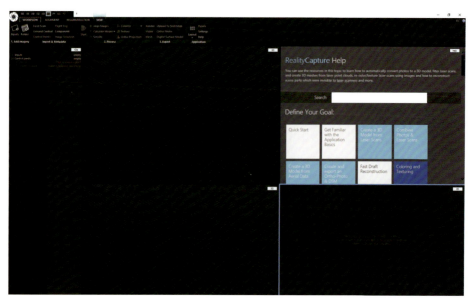

图 1.61　RealityCapture 操作界面

2. 技术简介

在本部分中，我们将首先介绍基于摄影测量的三维重建的基本流程步骤：在拍摄得到多视角的图像之后，利用图像之间的局部对应关系求解得到场景稀疏三维点和相机参数，即运动恢复结构（structure-from-motion，SfM）[1]，接下来通过多视图立体技术（multi-view stereo，MVS）[2]，重建得到场景密集三维点云模型，三角网格化将点云模型转化为网格表示，纹理映射则利用多视角图像和相机参数为网格模型计算照片真实的纹理。运动恢复结构又可以分为图像局部特征点提取和匹配、初始的相机配准、集束调整（bundle adjustment，BA）[3] 三个子步骤。

运动恢复结构

运动恢复结构方法从输入的多视角图像恢复相机的姿态和场景的稀疏三维点，它为多视图三维重建流程后续步骤提供相机姿态信息。如图 1.62 所示，SfM 方法首先得到不同视角图像的局部对应关系，然后计算图像对的相对姿态信息，根据对应的二维图像点、相机姿态和相机内参信息，利用三角化原理得到场景表面三维点的坐标，最后，所有的相机参数和求得的稀疏三维表面点信息在集束调整中进行优化。

[1]　Westoby M J, Brasington J, Glasser N F, et al. "Structure-from-Motion" photogrammetry: A low-cost, effective tool for geoscience applications[J]. Geomorphology, 2012: 300-314.

[2]　Seitz S M, Curless B, Diebel J, et al. A comparison and evaluation of multi-view stereo reconstruction algorithms[C]. 2006 IEEE Computer Society Conference on Computer Vision and Pattern Recognition (CVPR'06), 2006.

[3]　Triggs B, McLauchlan P F, Hartley R I, et al. Bundle adjustment——a modern synthesis[C]. International Workshop on Vision Algorithms. Springer, Berlin, Heidelberg, 1999.

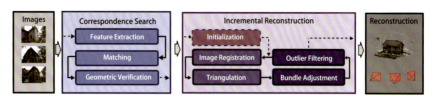

图 1.62　增量式 SfM 框架

多视图立体

多视图立体方法是从多视角图像得到密集的场景三维点云。深度图融合与点云扩张是两种通用的密集重建策略。深度图融合方法中，每张图像以邻近图像为参考计算深度图，实现了像素级别的相邻视图选择 [1]，但是也会极大地增加计算量。PMVS（patch-based MVS）[2] 是采用点云扩张策略的代表性重建方法，该方法中的 patch 是带有方向的重建物体表面矩形块，它和点云中的三维点有一一对应关系。PMVS 以稀疏点云为起始，基于图像邻域信息迭代进行点云的扩张和过滤，最后得到密集点云。PMVS 方法在纹理丰富的场景下重建效果很好，但是它依赖图像局部间的光度一致性，在弱纹理区域或严重遮挡情况下，由于不能保证准确的局部对应关系，容易导致空洞的产生。

网格化

密集点云可以覆盖场景的大部分区域，但它只是对场景表面的离散估计，转化为表面网格可以获得更好的渲染效果，在机器人或者游戏中应用时，也能更容易地进行碰撞检测。在生成密集点云时，常用方法也可以恢复出每个点对应的法向，因此在多视图重建流程中的网格化步骤中可以假设法向是已知的。Delaunay 三角剖分法 [3] 和 ball pivoting 方法 [4] 是两种常用的网格化方法。泊松重建法（poisson surface reconstruction，PSR）[5] 也是多视图三维重建中被普遍采用的方法。

纹理映射

图像可以映射到表面网格三角面片上，得到三维模型的纹理。与直接采用点云表示颜色相比，可以得到同样的效果，需要存储的三维点位置信息更少，因此可以用

[1] Schönberger J L, Zheng E, Frahm J-M, et al. Pixel-wise view selection for unstructured multi-view stereo[C]. European Conference on Computer Vision, 2016.

[2] Furukawa Y, Ponce J. Accurate, dense, and robust multiview stereopsis[J]. IEEE Transactions on Pattern Analysis and Machine Intelligence, 2010(8): 1362-1376.

[3] Su T, Wang W, Lu Z, et al. Rapid delaunay triangulation for randomly distributed point cloud data using adaptive hilbert curve[J]. Computers & Graphics, 2016(54): 65-74.

[4] Bernardini F, Mittleman J, Rushmeier H, et al. The ball-pivoting algorithm for surface reconstruction[J]. IEEE Transactions on Visualization and Computer Graphics, 1999(4): 349-359.

[5] Kazhdan M, Hoppe H. Screened poisson surface reconstruction[J]. ACM Transactions on Graphics (ToG), 2013(3):29; Kazhdan M, Bolitho M, Hoppe H. Poisson surface reconstruction[C]. Proceedings of the Fourth Eurographics Symposium on Geometry Processing, 2006.

更小的成本获得更精细的纹理效果。多视图三维重建中，同一场景位置对多张图像可见，利用投影关系容易得到每个三角面片在多张图像上对应的区域。

3. 典型案例

青州博物馆藏贴金彩绘佛造像

以青州博物馆藏的一件贴金彩绘佛造像（L0157）为例，对该佛像使用摄影测量方式进行三维采集技术实验，共拍摄原始图像 570 张，并完整重建出佛造像三维模型。图 1.63 和图 1.64 为数据在单色点云、网格模型显示、高清自动纹理映射纹理三种不同效果下的展示。

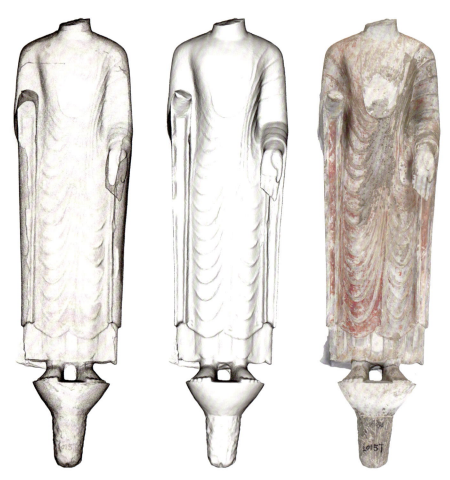

图 1.63　贴金彩绘佛造像（L0157，青州博物馆藏）身躯三维模型

注：左为单色点云显示，中为网格模型显示，右为高清自动纹理映射纹理。

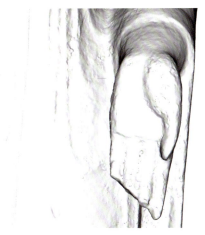

图 1.64　贴金彩绘佛造像（局部，L0157，青州博物馆藏）身躯三维模型

注：左为单色点云显示，中为网格模型显示，右为高清自动纹理映射纹理。

新疆维吾尔自治区博物馆藏阿巴索夫生前戴过的民族花帽

阿巴索夫全名阿不都克里木·阿巴索夫，维吾尔族，新疆乌什人。其于 20 世纪 30 年代在迪化（今乌鲁木齐）省立一中和新疆学院附中学习期间，受中国共产党人的影响，接受马列主义理论。图 1.65、图 1.66 和图 1.67 为其生前戴过的民族花帽经摄影测量计算后的数字化结果。

图 1.65　阿巴索夫生前戴过的民族花帽照片（新疆维吾尔自治区博物馆藏）图版照片

图 1.66　阿巴索夫生前戴过的民族花帽（新疆维吾尔自治区博物馆藏）正视正射影像图

图 1.67　阿巴索夫生前戴过的民族花帽（新疆维吾尔自治区博物馆藏）俯视正射影像图

（二）光度立体

光度立体是指在同一视角下，利用不同光照条件得到多幅图像的明暗信息，从而求解物体表面法向并进行三维重建的方法，如图 1.68 所示。

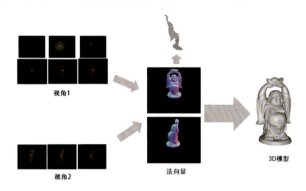

视角1

视角2

法向量

3D模型

图 1.68　光度立体计算流程

1.发展历史

目前三维重建已被广泛地应用在生活和科研中，特别包括医学治疗、文物保护、游戏开发以及工业设计等领域，但大部分三维重建方法假设物体或场景表面只发生朗伯反射（理想漫反射），即需满足朗伯反射体假设。然而在现实生活中尤其是馆藏文物表面还存在大量的高光现象，光度立体具有解决高光物体三维重建问题的潜力，自从 1979 年被提出后，经过 40 多年发展已取得诸多学术成果[1]，然而在现实世界中目前还未出现成功的商业产品。

2. 技术简介

光度立体方法在拍摄时对光源方向要求严格，因此目前存在的大部分相关方法均严格依赖设备的搭建。在现实生活中由于误差的存在，光度立体方法在重建物体表面时尽管可以很好地还原细节信息，但不能很好地重建整体形状，因此需要与其他三维重建方法相结合。尽管目前还没有一套系统的拍摄要求，但可以总结出通用框架，如图 1.69 所示。

[1]　Shi B, Wu Z, Mo Z, et al. A benchmark dataset and evaluation for non-lambertian and uncalibrated photometric stereo[C]. Proceedings of the IEEE Conference on Computer Vision and Pattern Recognition. 2016.

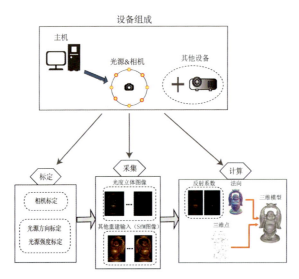

图 1.69　原型系统框架

在典型的系统设备中，首先包含图像采集装置、LED 光源和相应的控制装置。可使用的图像采集装置为商用相机，也有其他设备选择使用摄像机以满足动态场景的需求。根据最初提出的理论，需要不少于 3 个 LED 光源才可满足光度立体算法求解的要求，随着研究的不断推进，不同算法可能对光源有不同要求，例如各向同性材质假设要求光源围成环形。若与 SfM 结合提高重建准确度，只要一台相机即可完成图像采集。框架中还可加入其他设备，例如加入投影仪可将光度立体与结构光扫描有效结合，整个操作过程可由计算机控制，力求便捷化和自动化。

尽管光度立体相关的方法已经在学术界证明了有效性，并在高反光文物数字化采集等领域体现巨大的潜力，但由于其较为严格的实验环境，目前还没有成功的商用设备和实用案例。

（三）色彩管理理论

1. 定义

色彩管理是一种用于在各种数字图像设备（如扫描仪、数码相机、显示器、打印机等）之间进行可控的色彩转换的技术。目的是实现不同输入、输出设备间的色彩匹配，包括各种扫描仪、数码相机、Photo CD、彩色打印机、数码打样机、数码印刷机、常规印刷机、显示器等，最终实现从输入到输出的高质量色彩匹配。

色彩管理系统是以某个与设备无关的色彩空间为参考色彩空间，采用特征文件记录设备输入或输出的色彩特征，并利用软件作为使用者的色彩控制工具，其核心是用于标识彩色设备色彩特征的设备特征文件，而设备特征文件必须在一定的标准基础上建立，才能达到色彩管理的目的。国际色彩委员会（International Color Consortium，ICC）为了采用色彩特性文件进行色彩管理，以实现色彩传递的一致性，建立了一种跨计算机平台的设备颜色特性文件格式，ICC Profile 标准格式。每一个 ICC Profile 文件至少包含一对核心数据：设备相关的色彩数据（如该设备独有的 RGB 色彩显示数据）；根据设备相关的数据而得到的与设备无关的色彩数据，与设备无关的色彩数据，也被称为 Profile 联接空间（PCS）。一些设备的 Profile 文件，如相机的 Profile 文件，只有一个设备到 PCS 的色彩数据转换表，因为对于相机来说，只是通过它产生颜色并输出到其他设备中。而还有另外一些设备，如打印机的 Profile，就需要包括一个设备到 PCS 的色彩数据转换表和 PCS 到打印机的色彩数据转换表。

色彩空间就是显示颜色的一个范围，是人为指定颜色的集合。如图 1.70 所示，在色度图上，只需要指定三个基点，即 RGB 三个基点，就可以表示出这三个基点之内的色彩（RGB 构成的三角形之内，包括三角形的边线，但不是所有色彩空间都是三角形区域，比如 CMYK 色彩模型就不是三角形），再加上亮度，就能表示出一个完整的色彩空间，RGB 三原色定义的点越纯净，其表示色彩空间范围就越广。色彩空间内有无数个颜色，色彩空间在数字领域表示能够显示颜色的范围。色彩空间是三维立体的，通常我们看到的色彩空间都是由一张二维色度图表示。之所以叫色度图，是因为亮度没有考虑进去，只考虑了色度的变化，通常色度图的亮度为 50%，也就是色彩空间亮度为 50% 的横截面切图，这样可以进行更直观的展示。

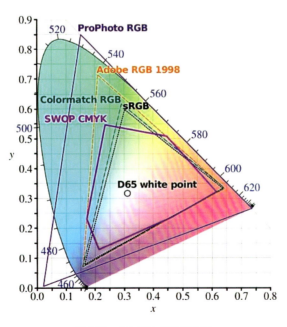

图 1.70　色度图上的色彩空间

2. 管理流程

上面介绍了色彩管理的总体概念，下面我们来具体介绍一个简易的颜色管理流程。一个实物颜色是如何保持一致至最终打印输出的？

第一，确定扫描仪或相机等输入设备的特性。通过扫描或者拍摄大量的色块，可以发现这些色块有特定的分布规律，且知道其标准数值，将扫描或拍摄得到的色块数值与标准数值进行比较处理，并将所有差异信息通过特定算法制作成扫描仪或者相机的 Profile 文件。

第二，确定显示器或者打印机的设备特性。检测显示器上或者打印出来的大量有规律分布的色块颜色，与标准数据进行对比，并通过算法制作成显示器或者打印机的 Profile 文件。

第三，扫描仪扫描或相机拍摄实物得到相应的数据，这些数据携带其自身的 Profile 文件。

第四，把上述携带 Profile 文件的数据导入电脑并通过显示器显示或者打印输出时，先用导入数据的 Profile 文件转换数据至某一设备无关的色彩空间下，然后加载显示器或者打印机的 Profile 文件，把这一数据再转至自身设备下的色彩空间内，最后完成显示或者输出。

上述流程完成了色彩管理，并实现了不同设备间的色彩统一。

3. 优点

高效成熟的色彩管理可以实现所见即所得。与预期染色准确匹配在不同设备、不同介质上实现了色彩的一致性需求，大大降低了各自转化的难度，提高了效率。

4. 注意事项

上面说的色彩一致，指的并非 100% 无偏差的意思，而是人眼的主观感受在不同输入、输出设备上的一致，即视觉效果的一致。

输入、输出设备在出厂的时候便已经配置了 ICC Profile 文件，但设备损耗与老化、使用不同纸张打印、油墨更换等均会导致原有配置文物无法准确反映实际物体颜色的问题，所以后期也可以使用 Eye-One 或 SpectroScan 等检测设备标定相关设备的 ICC Profile 文件。

有些软件可以自主加载 ICC 文件，如 Photoshop 等，可能会导致设备颜色输出不统一的问题。还有一些数据不带 ICC 文件，则会被系统默认为 sRGB 色彩空间下的数据，在指定 ICC 文件时也需加以注意，需防止整个色彩管理使用不同的色彩空间作为输入输出。

第二章

文物数字化准备工作

一、基本原则

（一）安全性

现场严格遵守安全工作规定。数据采集宜使用非接触方式，不接触文物本体，保证文物本体安全。

（二）原真性

采集数据能真实客观反映文物的现状，不对数据进行艺术加工，对于符合拆解采集条件的文物应拆解后进行采集。对数据处理过程中必要的人工修补应有相应记录。

（三）适用性

采用成熟度高、价格适宜的技术。综合考虑馆藏文物类型、保存状况与工作成本，选择适合的技术指标等级。可根据项目和工期要求，选择符合要求的单一类型数字化技术设备，也可混合使用多类型数字化设备，但应考虑后续数据处理软件的兼容性。

（四）完备性

文物数字化采集与处理工作应注重工作档案和工作流程的完备性，形成符合存储要求的各项成果。

二、前期资料收集与整理

应了解项目的具体任务要求，根据方案编制和项目实施的需要，针对性地搜集相关素材，宜包括《馆藏文物登录规范》（WW/T 0017—2013）所规定的文物基本信息、图像信息、管理信息，但不限于以下信息：第一，文物基本信息，如总登记号、名称（含原名）、年代、数量、尺寸、级别、完残状况、保存状态等；第二，图像信息，如全景图、局部图、病害图等；第三，文物管理信息，如保管适宜温度、保管适宜相对湿度、保管注意事项等；第四，公开发表和出版的相关资料；第五，文物科学技术档案。

三、现场调研

（一）作业环境

1. 数据采集作业环境

数据采集作业环境需要综合考虑采光条件、工作场景周围的环境色、是否有合适的工作台、工作电源、温湿度、病虫害等多方面，充分保障文物安全。根据《美术馆藏品二维影像采集规范》（WH/T 81—2019），作业场地的勘察应注意以下事项：

第一，作业空间应充分，可确保扫描作业的安全进行。位置宜靠近文物藏品库房，通道平坦，房门宽度适当，便于藏品取送；高度应满足大型藏品拍摄需要；面积应保证能够合理划分藏品采集等候区、采集工作区等，采集工作区应具有足够面积，以保证设备合理、安全安装或摆放，并易于操作；地面应为非燃或阻燃材料，并做防滑处理，平坦无凸起；温湿度应适宜。

第二，作业场地应避免紫外光源以及其他强光的影响，最好不透光且防尘。

第三，作业场地应避免有害气体影响，避免光分解破坏有机质地的文物和降低其机械强度。

第四，作业场地应无易燃易爆物品、腐蚀性物品及其他有碍文物安全的物品，并严禁烟火。

第五，作业场地应清洁，无灰尘，无威胁藏品的微生物（主要是细菌和霉菌）。

第六，作业场地应避免害虫出现，如毛衣鱼、烟草甲、书虱、短鼻木象等。

第七，作业场地应选取无环境色干扰的区域，如果场地有限制，作业区域必须设置相关隔离措施以避免环境色干扰。

第八，供电负荷应大于设备、照明全部开启时的用电总负荷；宜安装交流配电箱；移动用电宜使用符合国家标准的移动电缆盘；墙面预埋安装的电源插座的电源不应与照明电源为同一回路；用电设备应尽量直接连接墙面插座，单个接线板不应连接多个用电设备，禁止采用接线板再连接线板方式为设备供电。

第九，监控设备应与文物收藏单位监控系统相连接，应保持监控设备完好，监控无死角，保证数据采集过程全程监控。

第十，在适宜位置安置警示标识，提示禁止吸烟、禁止使用明火、禁止进食饮水、访客免入、随手关门、离开锁门等内容。

第十一，安全防护、消防设施与藏品库房标准相一致，并保持灵敏、有效。工作室内应标注消防疏散通道并保持其畅通。

第十二，推车等运输工具应运行平稳，减震性能良好；工作台等操作平台应平整、稳固、边缘圆滑。

2. 数据加工环境

数据加工环境宜按下列要求配置：

第一，数据加工环境应光线均匀柔和，无环境色干扰，避免自然光。

第二，数据加工环境应避免光源直射屏幕。

第三，宜使用中性色（黑、白、灰）涂装屏幕周围可能产生反射干扰的平面。

第四，宜使用三基色光源作为环境光源，显色指数应达 95% 以上，环境光投射到屏幕中心水平面色温应在 5500~6500K 之间，且光照稳定。

（二）作业对象勘察

作业前宜实际调研文物本体保存状况、收藏地点、存放方式、完残程度等，对采集将面临的技术问题和工程问题进行评估。例如：是否需要其他设备如反光板等进行补光，是否需要偏振镜以削弱高光的影响，等等。

应结合需采集文物的总体数量、材质、大小等因素综合考虑，以科学合理的方式对需采集的文物进行归类整理，这样一方面可批量进行信息采集，节约时间，避免采集前相关准备工作的重复步骤，另一方面能更好地统计信息采集的工作量和所需工作时间、工作成本。

四、方案编制

方案文本内容宜包括前言、项目目标、总体建设内容、工作原则及依据、具体技术方案、项目安全设计、项目经费预算、组织管理、知识产权保护协议、工期计划等基本内容，文物作业清单宜作为附件同时后附，包括每件文物的名称、编号、级别、尺寸等基本信息。

馆藏文物数字化方案编制应符合下列规定：第一，应在充分调研的基础上，设计科学合理的工作方案，确保数字化工作达到预期目标。第二，应包括概述、现状、已有资料情况、工作目标、工作内容、数字化技术方法和主要技术指标、引用文件及作业依据、仪器和软件配置、作业人员安排、责任分工、进度安排、安全管理措施等内容。第三，技术指标的确定宜综合考虑文物的利用率、应用场景、亟待抢救程度、数字化资金情况等因素。第四，大型文物的数字化工作方案宜经文物领域、数字化领域和财务领域的专家论证，确保其科学、规范、合理。第五，数字化工作方案经审批后应严格执行。工作方案审批结果应与数字化工作过程中形成的其他文件一并保存。

"工作原则及依据"部分是容易被忽视但又是十分重要、需及时更新的。在方案编制过程中，除《博物馆藏品二维影像技术规范（试行）》等文件对某一类或几类数字化成果做出规范外，已发布的相关国家与行业标准，或正在研制的相关国家与行业标准、地方标准也可能会对数字化成果的采集、处理、数据存储、资料存档等提出相关要求。这些文件或先进，或虽未废止但已难以指导馆藏文物数字化工作的开展。

《馆藏文物登录规范》（WW/T 0017—2013）"4.4 馆藏文物影像信息"部分，对馆藏文物影像基本信息、影像采集工作的信息做出了基本规定，如：馆藏文物影像基本信息"基本内容应包括：收藏单位代码；总登记号；图片类型；图片顺序号"。影像采集工作的信息"基本内容应包括：拍摄单位；拍摄地点；拍摄日期；拍摄人"。

《文物藏品档案规范》（WW/T 0020—2008）"5.4.7 电子文件"部分，提出了电子文件存储的要求："应采用通用格式存储于不可擦除型光盘；存储电子文件的光盘应一式两套；磁带、幻灯片、电影胶片等其他载体的档案材料，应转换成电子文件，以光盘为载体保存；光盘内应编制文件目录。"

在现已发布的相关行业标准中，部分文件对文物的图像或数据命名也做出了要求。

《馆藏金属文物保护修复方案编写规范》（WW/T 0009—2007）"4.8.2 现状图"部分对现状图提出了具体要求："应提供文物保护修复的现状图，现状图可为侧重文物病害状况的图片。"

《馆藏出土竹木漆器类文物保护修复档案记录规范》（WW/T 0011—2008）的"规范性附录 B"也明确要求提供"现状影像"，"4.4.5"要求"影像资料可以数字载体形式提供，并注明调取或链接方法"，"5.2 电子文档"要求"使用数码相机、数码摄像机、三维数字扫描仪等电子设备所拍摄的文物保护修复过程，应按编号记录其电子信息并将相关电子资料整理汇集，同时注明电子资料的编号、文件名、路径等，以便查对"。

《馆藏纸质文物保护修复档案记录规范》（WW/T 0027—2010）在"4.3.6 影像资料"部分明确要求"对保护修复前的纸质文物进行拍照，照片的采集要求参见《文物二维影像技术规范（试行）》"。"5.3 电子文档"与《馆藏出土竹木漆器类文物保护修复档案记录规范》（WW/T 0011—2008）的"5.2 电子文档"部分要求相同。

为了使数字化工作能更好地满足保护、研究、宣传、展示、利用、资料存档等需求，方案编制人员应了解并及时掌握相关标准化文件的编制计划、现行、更新和废止情况。

五、设备配置

文物数字化的相关设备主要包括照明设备、色彩管理设备、扫描设备、数码相机、温湿度记录设备等。应根据项目质量要求，选择符合要求的仪器设备。

（一）色彩管理工具与设备

1. 色卡要求

使用色卡进行色彩管理时，应使用孟赛尔色彩体系（Munsell color system）矩形彩色标板，或能提供准确数据的其他色卡。

2. 分光光度计指标规格要求

测量范围为 400~700 纳米；测量波长间隔为小于等于 10 纳米；测量孔径为小于等于 8 毫米；重复性为光谱反射率标准偏差小于 0.2%，色度值标准偏差小于 ΔE_{ab}^{*} 0.05；至少有 D50、D65 两种光源可显示。

3. 高光谱采样设备

使用高光谱采样设备采集文物代表色色值时，设备应满足以下要求：光谱采样间隔不大于 10 纳米；单组扫描空间像素数宜不小于 1024pix；信噪比（峰值）宜优于 400 ∶ 1。

（二）照明光源

数字化扫描（拍摄）类照明设备的选择应符合下列要求：

第一，扫描作业宜使用冷光源，避免会导致脆弱质文物本体局部温度变化超过 3℃的长时间照明，避免多次重复闪光等照明。

第二，拍摄用持续光源的色温应为（5500±550）K。

第三，拍摄用持续光源的发射亮度应一致，24 小时内任意两次拍摄时，灯光输出的面积和亮度差异应小于 10%。

第四，拍摄用闪光光源，每两次闪光之间输出能量差距不大于 1/50 档光圈。色温应为（5500±550）K，同功率输出情况下，每两次闪光之间色温浮动不大于 200K。

第五，闪光灯作为光源，型号、参数相同时，输出的面积和亮度差异小于 5%。

第六，闪光灯应具备紫外线过滤功能，以避免其发出的紫外线对文物造成损伤。

（三）数码相机

数码相机具体要求如下：

第一，数码相机的图像传感器尺寸应不小于 24 毫米 ×36 毫米。

第二，数码相机应支持 R、G、B 每通道色彩深度不小于 12Bits，图像传感器 ISO 感光指数最低值不高于 100。

第三，数码相机图像传感器的 R、G、B 有效像素数应大于 2000 万个。

第四，数码相机原始图像数据应支持 RAW、DNG 等通用无损压缩格式。

（四）平面扫描设备

平面扫描设备扫描分辨率应能满足项目需要，应支持无接触方式扫描，以及 sRGB、Adobe RGB 等通用色彩空间。

（五）三维扫描设备

三维扫描设备应支持非接触式扫描方法，并提供优于项目约定质量验收标准的扫描精度。

（六）标准件

使用标准件对三维数字化成果进行质量评价时，所采用的标准件应符合下列规定：尺寸的最大值不得小于文物的 1/3 或者大于文物的 3 倍；测量准确度应在标准件准确度的 3 倍以上；应保证标准数据的一致性。

六、人员要求

相关项目人员应熟知我国《文物保护法》、《博物馆管理办法》、《博物馆藏品管理办法》、《博物馆条例》等规范性法律法规以及指导性文件，并符合下列规定：

第一，项目负责人宜具有高级职称和组织领导能力，全面掌握与任务相关的标准、方法和技术要求。

第二，数字化工作人员应掌握一定的数字化工作技术和基础知识，熟悉与本职工作有关的标准、方法和技术，胜任数字化工作相关的岗位任务。

第三，数字化工作人员应身着只含中性色（黑、白、灰）的工作服和鞋子方可进行作业。

第四，文物的搬运、放置，宜由文物收藏单位文物保管人员负责，相关操作可参照《馆藏文物展览点交规范》（WW/T 0019—2008）执行。

第五，采集过程中相关工作人员应高度集中注意力，防止无关人员和设备碰触文物，造成人为的损坏和沾污。

七、数据存储与归档

（一）数据处理要求

数据处理应遵守下列规定：

第一，禁止私自拆卸工作设备，禁止无关人员查看工作设备内容。

第二，数据计算与处理软件应经过实际测试才能进行文物数字化工程的使用。

第三，确保数据储存的完整性。原始数据、重要的作业环节所产生的中间作业过程数据均应存档。

第四，宜同时记录数据采集时间、温湿度、采用的仪器设备（带编号）、操作人员、操作地点等信息。

第五，特殊设备应进行定期检查与维护，禁止无关人员碰触和移动。

第六，作业数据应及时保存与备份，避免因存储设备损坏出现的数据丢失的情况。

（二）存储格式要求

1. 原始数据

相机、扫描仪等设备所获取的原始数据，应不做任何修改而封装存储。

2. 存储格式

成果数据存储宜按下列规定执行：

第一，三维成果模型格式应为 PLY、OBJ、WRL 等通用三维格式。

第二，经过处理的数字图像、纹理贴图存储应选择通用、无损压缩的格式，并尽可能保留色彩通道的最大有效深度。

第三，经过处理的、容量为 4GB 以下的数字图像、纹理贴图，应选择 TIFF（tag image file format）格式，并选择 LZW 无损压缩方式存储。

第四，经过处理的、容量为 4GB 以上的数字图像、纹理贴图，应选择 PSB（photoshop big）或 TIFF 格式存储。

第五，存储有损压缩的图像，应选择 JEPG 格式，压缩比率不得大于 10 ∶ 1。

（三）成果归档要求

目前国家标准《文物科学技术档案管理规范》已经在征求意见，该文件在编制过程中引用了以下文件：《照片档案管理规范》（GB/T 11821—2002）、《科学技术档案案卷构成的一般要求》（GB/T 11822—2008）、《档案分类标引规则》（GB/T 15418—2009）、《电子文件归档与管理规范》（GB/T 18894—2002）、《档案工作基本术语》（DA/T 1—2000）、《全宗卷规范》（DA/T 12—1994）、《档案号编制规则》（DA/T 13—1994）、《磁性载体档案管理与保护规范》（DA/T 15—1995）、《档案著录规则》（DA/T 18—1999）、《归档文件整理规则》（DA/T 22—2000）、《档案馆建筑设计规范》（JGJ 25—2010）。这些文件对档案收集、档案整理、档案鉴定、档案管理等做出了总体规定。

第三章

馆藏平面文物翻拍和二维扫描

一、采集准备工作

（一）场地布置

第二章对于扫描场地的准备已做出详细的总体要求，本章主要是讨论实际工作中可能会遇见的情况。如文物管理单位没有符合要求的相关作业场地，在这种情况下，应该采用工程改造的方法，尽量使作业场地符合对扫描场地的相关要求。非脆弱质文物，采集时作业场地只是会有环境色的影响，可以用大块的黑、白、灰三种颜色的布予以遮挡（见图 3.1）。部分作业场地的设施可能比较老旧，难以符合电源要求，可在符合相关标准的情况下，临时外接电源。部分陈列在展厅中的文物难以移动，在消除环境色干扰的同时，最好在闭馆时间予以采集，尽量避免对观众的影响。必须在参观期间采集时，应设置好警戒线、告示牌等进行隔离和解释说明（见图 3.2）。

图 3.1　青州博物馆文物数字化扫描作业环境布置

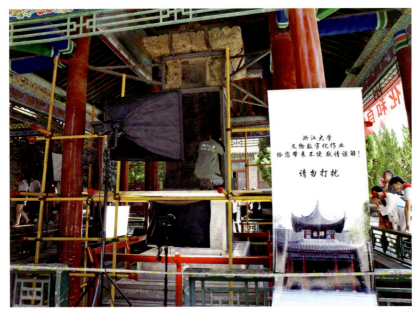

图 3.2　西安碑林博物馆数字化作业期间作业区域的警戒线、告示牌等隔离和解释说明

（二）设备布设与调试

1. 翻拍设备调试

翻拍设备调试主要包含相机参数设置、灯光布设与设置，可结合白板、色温表、测光表辅助完成。

相机参数设置

对相机参数的设置包括光圈、快门、感光度、图像格式、色彩空间、时间与日期等的设置。在采集工作开始前，应按照顺序逐项确认。

光圈：通常光圈值不得大于 f/10。同时，宜选择定焦镜头并使用该镜头的最佳光圈值。

快门：应高于安全快门。当补光设备为 LED 光源时，宜使用稳固、不易晃动的三脚架辅助拍摄，并应尽量减少机震（如打开相机反光板预升、使用快门线辅助拍摄等），使图像有效采样分辨率符合项目要求。

感光度：宜控制在 200 以下。

色温：宜根据色温表实际测量所获的数值准确设置色温（见图 3.3），禁止使用自动白平衡。根据浙江大学的经验，同样的拍摄区域在其他参数和外部环境不变的情况下，如在相机中将色温直接设置为 5400K 和将相机设置为自动白平衡拍摄后通过软件设置图像色温为 5400K，两者会存在明显色差。采用自动白平衡针对同一区域连续拍摄的两张图像也会存在明显色差。

图 3.3　使用色温表结合色卡获取准确采集色温

图像格式：应确认相机存储格式是否设置包含了 RAW、DNG 等通用无损压缩格式。以浙江大学通常所使用的佳能相机为例，一般将画质设置为"RAW+JPEG（S1）"，压缩的 JPEG（S1）图像可用于现场导出以快速检查和计算。

色彩空间：根据浙江大学目前相关技术试验，数码相机色彩空间推荐使用 Adobe RGB 或 sRGB。哈苏（Hasselblad）、飞思（Phase）等高端数码后背相机，无须设置。

时间、日期设置：应检查相机中的时间和日期设置是否准确。

锐化：无。

风格：标准。

检查 CCD 清洁度：在失焦状态拍摄白卡，以检查相机 CCD 清洁度。

灯光布设与设置

文物的质地、器型均靠光线来塑造和刻画，用好光线是文物数字化工作者的必修课。馆藏文物主要包括几十个种类的质地和器型。为了突出器物的形态，表现器物的质感，展现它们凹凸不平的图纹，就可以用各种光线来刻画（见图 3.4、图 3.5、图 3.6）。直射光强、反射光弱，聚集光刚、散射光柔，这是光的性格表现。文物数字化工作者要了解并熟练运用，合理控制光的强、弱、刚、柔性格，更好地表现文物的造型色彩和质地。[1]

以一般馆藏文物的图版拍摄来说：主光宜强、刚，多用直射光与聚集光；辅助光宜弱、柔，多用反射光与散射光。被摄物形体线条明显复杂的、色彩深沉庄重的，宜用直射光。被摄物形体、线条含蓄简洁、色彩浅淡、明快的，宜用反射柔光。被摄物

---

[1]　赵广田．文物摄影概论 [M].甘肃文化出版社，2013：61.

体面多而交界面锐利的，宜用直射光。被摄物体面少而交接面缓变的，宜用反射光。被摄物质地粗糙的，宜用直接强光。被摄物质地细腻的，宜用反射柔光。[1]

图 3.4　佛像（L0153，青州博物馆藏）局部（手电筒侧光观察与正常光源观察）

注：左为手电筒光源下侧光观察，右为闪光灯光源下泛光观察。

图 3.5　佛像（L0152，青州博物馆藏）局部（侧光观察与泛光观察图版）

注：左为手电筒光源下侧光观察，右为闪光灯光源下泛光观察。

图 3.6　佛像（L0160，青州博物馆藏）局部（侧光观察与泛光观察图版）

注：左为闪光灯光源下侧光观察，右为闪光灯光源下泛光观察。

[1]　赵广田. 文物摄影概论 [M]. 甘肃文化出版社，2013：61.

需均匀布光时，灯光投射的角度可以结合测光表或白板进行调整。在有条件的情况下，浙江大学一般使用测光表或采用纯平的白色泡沫板上包裹宣纸（表面保持平整）进行测定，一般只要中间点和四周的 RGB 值相差不大于 10，就表明光线是均匀的。测量的范围应适当大于扫描文物的面积，这样当所扫描文物尺寸小于测光区域则无须重复测光。拍摄泛光图像数据时，每层加拍一张灰板，检查灰板照片各个位置的 RGB 值，闪光灯输出功率在满足文物拍摄需要的情况下，不宜太高。对光敏性文物进行采集时尤其需要注意这点。如果所使用的闪光灯需借助电源箱，还应考虑电源箱在持续拍摄后，亮度输出不稳定的问题。采用 LED 光源时，宜先将光源打开 20 分钟左右，待光源输出稳定后再行布光、测光（见图 3.7、图 3.8）。

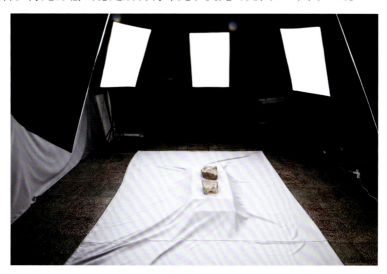

图 3.7 使用色温表结合色卡获取准确采集色温

图 3.8 使用测光表对布光均匀性进行检查

部分文物采集还可能面临高反光或采集时可能出现摩尔纹效应的情况，在进行布光时应同时综合考虑，通过工程手段予以规避，如采用柔光箱、将灯光漫反射后反投等（见图3.9）。

图3.9　贴金彩绘佛造像（L0169，青州博物馆藏）在布光未采用柔光箱时阴影交叉明显

2. 扫描仪调试

扫描仪调试主要包括：扫描仪安装与放置；开机预热，LED光源设备宜将光源打开20分钟左右，待光源输出稳定；准确设置相关扫描参数；预扫描，可将色卡放置于扫描区域进行扫描，检查设备是否能正常工作。

（三）文物提取与放置

文物的提取与放置应遵循《馆藏文物出入库规范》（WW/T 0018—2008）的规定。

数字化工作人员不得接触文物本体，可根据技术设备的需要，就文物放置向文物收藏单位提出相关要求，由文物收藏单位工作人员结合文物本体安全考虑判断是否可行并具体落实。监控系统需保持全天开启，确保完整记录文物数字化过程，还需及时检查监控存储空间，并对监控数据进行备份。

如需施工单位参与文物交接，宜由文物管理单位、施工单位和监理单位（若有）工作人员对待采集文物进行交接登记。文物采集交接过程中，宜按下列流程操作：

第一，清点文物数量。

第二，对文物褶皱、破损、裂纹、霉变、虫蛀、涂抹等情况逐一进行记录。

第三，对文物残损情况，如损坏特别严重的地方，应进行三方拍照存档。

第四，数字化采集工作完成后，应重复上述检查流程，确认无误后，将文物交由文物管理单位入库保存。

（四）整体观察与认识

在妥善放置好文物后，宜组织有相关专业背景的多学科力量共同先对文物进行整体观察和认识理解（见图 3.10）。一方面，结合单件文物的实际情况，对方案设计中所给出的技术路线与扫描预案进行复核、优化和补充；另一方面，还可根据新发现的相关情况，补充适宜的技术设备。

图 3.10　文物数字化多学科联合观察与记录（浙江大学与青州博物馆）

当项目中所采集文物数量多或尺寸差距较大时，还可考虑将尺寸、采集面临的问题、处理技术流程相近的文物集中在一起予以采集，以提高采集效率。

二、采集操作要求

（一）文物代表色彩采集

鉴于文物图像调查记录的重要性，国家文物局已发布的两项行业标准对文物色彩信息的准确性要求也随着相关技术发展在不断提高，部分科研机构与文物管理单位为了提高文物色彩管理水平，已经做出了一些卓有成效的探索，如敦煌研究院已开始致力于自行制作文物代表色色卡，近年来陆续发布的相关行业与地方标准化文件（含意见征求稿）中，均已引入 CIEDE2000 色差公式。在此背景下，依托目前文物领域常用的色卡、分光光度计、高光谱采样等设备建立符合不同技术指标的色彩管理方式尤为重要。

1. 色卡拍摄

色卡选择

文物领域常用的色卡有 TIFFEN Q13 摄影色卡（见图 3.11），以前在文物修复和文物摄影工作中较为常用。目前也有部分单位会选择使用美侬 24 色色卡（见图 3.12）。此外，还有美国爱色丽公司的系列色卡，如爱色丽 ColorChecker Passport Video 专业视频色卡护照（见图 3.13）、爱色丽 ColorChecker Classic 孟塞尔国际标准经典 24 色色卡（见图 3.14）、爱色丽 ColorChecker Digital 140 色专业 SG 色卡（见图 3.15）。

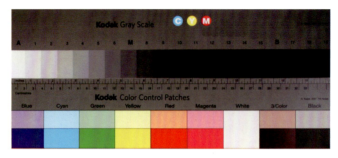

图 3.11　TIFFEN Q13 摄影色卡

图 3.12　美侬 24 色色卡

图 3.13　爱色丽 ColorChecker Passport Video 专业视频色卡护照

图 3.14 爱色丽 ColorChecker Classic 孟塞尔国际标准经典 24 色色卡

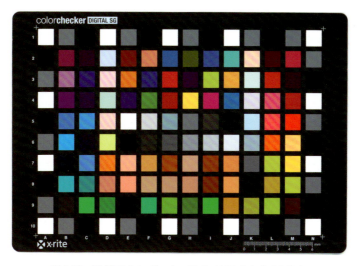

图 3.15 爱色丽 ColorChecker Digital 140 色专业 SG 色卡

随着文物保护工作需要的发展，在现已发布和正在征求意见的相关标准化文件中，对色卡的要求均为"应使用孟赛尔色彩体系（Munsell color system）矩形彩色标板，或其能提供准确数据的其他色卡"，如《古建筑壁画数字化勘察测绘技术规程》（WW/T 0082—2017）、《金属类可移动文物三维数据采集规范》（DB13/T 5260—2020）、北京市地方标准《文物三维数字化技术规范器物》（意见征求稿）。这是非常必要的。以爱色丽 24 色色卡和美侬 24 色色卡为例：爱色丽 24 色色卡提供 D50 与 D65 的标准值，使用颜色转换工具可转化；美侬 24 色色卡虽然提供了标准值（见表 3.1），但没有标明是在何种色温下，使用颜色转换工具也无法对所提供数据进行相互转化（见图 3.16、图 3.17）。

表 3.1　美侬 24 色测试卡分量数值表

检测批号：MN-20150330

色度空间		sRGB			CIEL★a★b★			CIEXYZ		
编号 / 颜色		R	G	B	L★	a★	b★	X	Y	Z
1	深棕	128.4	84.57	72.99	40.64	16.16	13.56	13.59	11.63	6.125
2	浅棕	213.9	164.7	142.3	69.09	17.86	18.14	43.90	39.47	21.92
3	浅蓝	76.76	128.1	161.3	54.34	−6.351	−22.47	20.17	22.29	30.64
4	深蓝	89.51	104.7	67.13	43.55	−12.62	20.56	11.21	13.53	5.718
5	淡紫	145.5	163.4	183.5	65.03	4.555	−17.78	34.18	34.09	40.30
6	淡青	128.7	216.5	191.5	78.97	−36.94	1.494	39.84	54.88	44.05
7	橘黄	166.4	142.8	50.32	69.65	43.91	64.01	54.38	40.26	6.043
8	天蓝	67.38	93.98	168.9	41.98	9.583	−45.64	13.48	12.49	31.85
9	桃粉	164.4	102.7	111.4	59.60	51.32	17.89	41.40	27.68	14.67
10	深紫	79.12	58.66	110.1	34.51	17.40	−20.30	10.02	8.253	12.77
11	嫩绿	174.8	199.8	76.04	77.16	−26.16	56.33	40.81	51.81	11.70
12	深黄	205.1	175.4	33.10	76.79	30.37	77.84	61.47	51.18	5.713
13	蓝 B	59.19	60.10	150.3	23.91	21.80	−58.01	5.616	4.071	21.04
14	绿 G	70.24	141.7	76.29	53.60	−35.12	26.75	14.33	21.60	8.362
15	红 R	162.5	48.34	46.70	47.20	65.97	38.01	29.89	16.17	3.687
16	黄 Y	193.3	202.9	21.97	85.56	1.901	84.79	65.56	67.12	7.603
17	品 M	173.3	93.30	165.6	53.71	52.13	−14.25	33.81	21.70	25.06
18	青 C	3.634	13.30	166.6	52.02	−25.59	−35.79	14.78	20.16	36.99
19	纯白	232.2	234.5	234.3	92.45	0.560	1.270	79.08	81.72	66.07
20	灰白	211.2	214.6	211.1	83.07	−0.250	−0.874	59.96	62.29	52.20
21	淡灰	166.4	167.5	168.2	68.55	−1.735	−1.702	36.81	38.72	33.09
22	中灰	129.3	129.8	131.5	65.45	−0.785	−1.422	23.32	24.37	20.80
23	深灰	89.55	89.15	90.88	40.02	0.440	−1.936	10.92	11.26	9.866
24	纯黑	57.03	57.27	56.35	17.35	2.920	−3.734	2.433	2.376	2.368

图 3.16　猜测其为 D65 下转化的数值

图 3.17　猜测其为 D50 下转化的数值

色卡维护

标准色卡虽然使用方便，用途广泛，但是在长期的使用过程中，色卡表面老化、褪色等问题会导致标准色卡变得"不标准"。为了延长标准色卡的使用寿命，在平时的使用与存放时，就需要注意以下事项。

第一，注意色卡使用寿命。色卡常用的材质就是纸张或者塑胶制品，长时间的使用后不可避免地会出现老化效应。日常使用和暴露会使色彩变得不准确。因此，再高品质的色卡都需要定期进行更换。如果要使用爱色丽色卡对颜色进行更为精细的管理，色卡宜 3 个月一换。

第二，色卡使用原则。在使用色卡进行对色时，应避免过度接触，减少纸页摩擦以及光害。当我们指尖的自然油脂接触色卡时，就可能弄脏色卡或导致颜料损耗，而纸页间的摩擦也可能会导致色卡被刮伤。并且有些颜料色卡在强光照射下，会加速褪色。

第三，色卡存放原则。考虑到色卡的材质，湿气较重的环境会加速纸张的老化，色卡通常应该存放在干燥通风的环境下，并且保持周围环境的清洁。

色卡放置

完成文物放置并调整好光源后，在采集区域的中心放置色卡，需注意避免周围环境色的干扰，手持色卡进行拍摄时，不得对色卡中间的色块形成遮挡。依据浙江大学目前的拍摄经验，色卡的放置和准确采集色卡数据是依靠色卡对文物图像进行色彩管理的关键，完成色卡数据的采集后，应及时将所拍摄色卡数据导入图像处理软件进行检查，确认所采集色卡数据合格后，方可进行下一步工作。

以目前使用下来对拍摄要求最为严格的爱色丽 140 色色卡为例：由于其采用的原材料表面光滑，容易形成高光效果，对采集者的限制要求极多。下面对相同光源下，色卡不同摆放位置所采集到的数据进行对比，以说明问题：正面垂直放置（见图 3.18）；左右略有倾斜放置（见图 3.19）；略微上下倾斜放置（见图 3.20）。

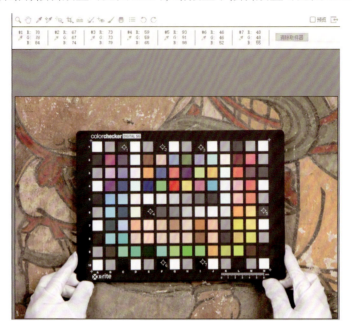

图 3.18　爱色丽 140 色色卡正面垂直放置

图 3.19　爱色丽 140 色色卡左右略有倾斜放置

图 3.20 爱色丽 140 色色卡略微上下倾斜放置

可以看到上述三种放置方式对于采集到的色卡数据影响极大。图 3.18 中最黑色卡 RGB 数值为 40~70，四周较为均匀；图 3.19 左侧与右侧相比，明显偏亮；图 3.20 上侧比下侧亮。数据都不够均匀，且只有图 3.20 的黑色色块较为接近官方数据的 20 左右。由此可以得出，稍微改变色卡方向便会极大地改变采集数据，不利于正常使用，也难以判断数据的准确性，比如较为明显的反光，如图 3.21 所示。

图 3.21 爱色丽 140 色色卡反光

由于平时工作中难以把握色卡角度以及布光方式，所以 140 色色卡不适用于平时的数据采集。而爱色丽的 24 色色卡不会有此问题，采用的材料没有高光反应，放置角度对于采集的色卡数据影响不大。图 3.22 抽取的 6 块色块颜色均与爱色丽官方提供的数据接近。

图 3.22　爱色丽的 24 色色卡

2. 分光光度计采样

目前常见的应用于文物保护的三种颜色测量方法，分别为目视法、分光光度法、光电积分法。目视法是基于修复师能力的测量方法，方法简便但差异化大。分光光度法是其中精度最高的测色方法，通过光谱成分断定颜色参数，测试要求较高。采用光电积分法制作的测色仪器也称为色差计，是模拟人眼三刺激值特性的测色方法，用于取代人眼测色。该设备可以快速检测两种色源之间的不同，并且有一定的测量精度，资料显示该设备在文物保护领域的尝试较多，但精准性较差。[1]

适用对象

适用于分光光度计采样的文物需满足以下条件：文物本体状态稳定，设备直接接触文物本体不会造成文物损害；采样区域颜色比较纯净、平整，范围大于仪器采样口径。

设备准备

按照厂商给定说明书进行准备。

---

[1] 戴维康，卜卫民 . 便携式色度仪在古陶瓷修复中色温问题的探讨 [J]. 文物保护与考古科学，2018（5）：125–129.

数据采集

数据采集步骤为：①对采样对象进行整体观察和认识。为了提高采样效率，可在联合观察记录的同时，对采样数量和采样位置进行初步勘察。②初步选择文物代表色采样点。拍摄图版并在图版上对预采样点进行标识。可使用软件直接在电子数据上进行标识，也可将照片打印出来后，用笔在打印出来的图件上进行标识，选点宜按照一定的顺序。③单点采样实施。鉴于操作人员掌握操作规程的熟练程度，会直接影响到检验结果，建议代表色采样工作由受过相关专业培训的工作人员进行，并及时在现场对采样数据进行检查与确认。

浙江大学根据对相关文物数字化采样工作的经验总结，建议可以这样操作：

第一，打开前期设计好的文物代表色取样点位图件（见图 3.23），按照从左到右的顺序在图像上寻找图件上所标识的大体位置。

第二，在找到取样位置点后，进一步确认取样位置是否符合需求，若不符合取样要求，则需要在其他位置或者邻近区域寻找代替的取样点。

第三，确定取样点符合要求后，即可关闭室内全部光源，开始取样。取样点的编号采取的是与色差计上取样点编号一致的原则，仪器的使用严格按照厂家所提供的说明书进行，否则取样数值会不准确。

第四，在确定取样点数值基本符合要求后，拍摄一张仪器所测量的具体读数缩略图，确认图像清晰后，打开照明光源，同时拍摄一张大致取样位置的图像。相关图像均是相机数据线连接电脑直接拍摄，可马上进行观察和登记。将具体取样点标识标注在电脑里的图片上，取样点的编号与仪器内登记的取样点编号一致。

第五，在完成每件文物代表色采样后，应及时将仪器所测取的 Lab 值在 Photoshop 中新建图层，并输入对应 Lab 值进行检查，以确认两者色相一致（稍有色差是正常现象）。

第六，数据整理。宜对现场检验合格的采样数据，通过表格、文字记录等方式进行系统的整理与归类，方便后续使用，可参照本书附录 3、附录 4 部分进行整理。

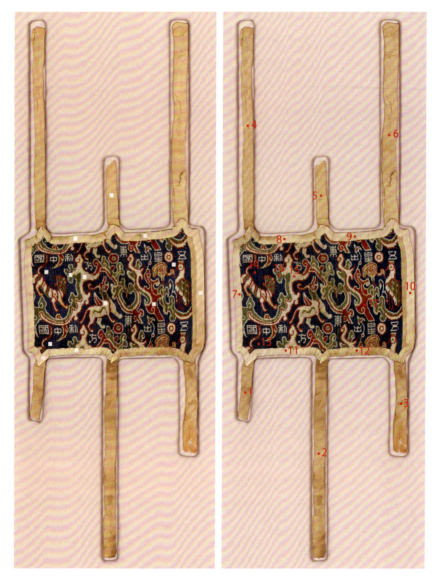

图 3.23　"五星出东方利中国"锦护膊（新疆维吾尔自治区文物考古研究所库藏）代表色
采样位置及编号

注：左为初步拟定采样位置，右为最终实际采样位置及编号。

3. 高光谱采样

高光谱相机在文物保护领域的应用已有很多，包括对古代颜料的研究与鉴定，发现被掩盖的底稿、隐藏信息等，研究画作的绘画技艺，深度了解文物病害程度，为书画文物保护修复选材与修复效果评估提供参考，甚至可用于文物鉴定。而高光谱图像采样技术正是应用了高光谱相机可见光波段的光谱数据，并可通过降维等技术还原某一色温下文物的真实颜色数据。

高光谱图像扫描

光源宜选择高显色指数的 LED 光源，其光谱应具有连续性，布光时应确保被采集文物照度均匀（见图 3.24）。扫描时需同时采集白场与黑场的光谱数据，并确保曝光适度。图像采样分辨率不宜低于 200ppi。

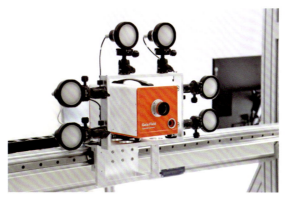

图 3.24　高光谱图像采集

高光谱图像处理

利用扫描获取的白场与黑场数据，制作光谱反射比数据，此时数据有 176 个通道，且数据量大，不易处理，建议对其进行降维处理至 31 个通道的数据。鉴于设备硬件条件限制，大部分文物要获取其 31 个通道的灰度图，需对其逐层进行拼接操作，建议可使用 PTGui 软件进行批量处理操作（见图 3.25）。

图 3.25　使用高光谱设备采集的《朱偁花鸟图》扇页（杭州博物馆藏）的 31 层拼接数据

代表色数据提取

先提取计算 31 个通道的数据，将其转化为 sRGB 色彩空间 D65 色温下或其他色彩空间与色温下的 RGB 图片（见图 3.26）。随后，根据需采样颜色选取分布均匀处进行采样，以准确获取采样点 RGB 值（见图 3.27）。

图 3.26　使用高光谱设备采集的《朱偁花鸟图》扇页（杭州博物馆藏）由高光谱数据
转化的 sRGB 空间下的图片

图 3.27　使用高光谱设备采集的《朱偁花鸟图》扇页（杭州博物馆藏）图像采样点

（二）平面藏品拍摄

根据《美术馆藏品二维影像采集规范》（WH/T 81—2019）、《馆藏品二维影像技术规范》、《古书画数字化采集》（WW/T 0097—2016）等文件，平面藏品的拍摄需满足以下要求。

第一，照相机安装于大型三脚架或大型立柱式相机架上，保证藏品平面、镜头平面、相机成像平面三者平行。

第二，镜头垂直对准藏品平面的中心，确保藏品影像端正、无变形并基本充满画面。

第三，布光均匀，中心点与四周的照度要一致。

第四，正式数据采集前，应进行试采集，根据试采集的结果调试并确定合适的设备参数。

第五，应确保采集影像没有畸变、模糊和失真、镜头污点等问题，否则应重新采集。

第六，应确保采集影像没有文物本身具有的污点以外的污点，否则应重新采集。

第七，至少拍摄一幅全形影像。如果藏品较长，较大，应分段、分部拍摄，相邻拍摄画面的重叠部分不宜小于所拍摄画面的 1/4。

第八，数据尺寸偏小者，仍必须单件扫描为一幅影像，不得数件合扫于一幅影像之中。

第九，藏品旁应摆放标准色卡、灰度卡、藏品编号标签。

第十，数据质量应符合项目方案设计要求。

（三）平面藏品扫描

根据《美术馆藏品二维影像采集规范》（ WH/T 81—2019 ），平面藏品的扫描工作需满足以下要求：

第一，采集前应采集色卡或将色卡放置于待扫描文物边上，与待扫描文物同时进行扫描。

第二，依照所用设备操作手册实施扫描。

第三，使用计算机设备进行监控、调整。

第四，数据质量符合项目方案设计要求。

（四）立体藏品拍摄

立体藏品的拍摄工作需满足以下要求：

第一，照相机安装于大型三脚架或大型立柱式相机架上。

第二，选取准确展现藏品主题、造型或结构特征、工艺特色的角度。

第三，布光应能准确表现藏品造型、细节和材质。

第四，拍摄中小型立体藏品时，应视数据主要用途选择使用或不使用背景纸；拍摄大型立体藏品时，应设法构成单一或者简洁背景。

第五，藏品旁宜摆放标准色卡、灰度卡、藏品编号标签、比例尺。

（五）局部影像拍摄

局部影像的采集质量完全取决于对文物的观察认识和理解，宜由多学科研究人员形成的工作团队提出对局部影像采集范围、反应内容等的具体需求，摄影师在充分消化、理解后转化为摄影的语言具体实施。在拍摄过程中，摄影师的新发现也应及时反馈给相关研究人员，形成良性互动。

特别需要注意的是局部图版与整体图版的对应关系，可使用制作相关数据等级管理表格，图件、相关文字记录等结合的方式进行关联。

以浙江大学在青州进行馆藏文物数字化的工作为例。一般程序是先由考古、文物保护、艺术史专业人员在文字记录过程中对造像进行仔细观察，同时应用浙江大学自主研发的多图像高保真 3D 建模技术对造像进行 360 度无死角的影像采集，实现将造像"搬进"计算机的工作，使考古记录工作者能够长期、持续地观察文物并增补记录。在此基础上，对专业观察中牵涉造像雕凿、装銮、重装等复杂信息的关键部位，再进行标点、高清微距拍摄。对于造像的标点记录，采用人工文字记录和用计算机在图像上标点记录同时进行的办法，将点的大致位置和编号、照片编号、所发现的问题、观察结论或疑问一一记录清楚。对这些标点的记录不能孤立地看待，要将其放在整件文物体系中，反复互动，剔除无效信息，在整理、研究、讨论的基础上，进一步增补、拓展相关信息的记录，对一些现象做进一步判断，无法判断者存疑，考虑其他解决方法。

三、采集范围要求

（一）文物代表色采集

文物代表色的采集与局部影像拍摄情况较为类似，需结合多学科的力量，综合文物色彩管理与还原的需要，对所采用的技术方法的适用性等情况予以综合考虑。浙江大学通常的要求是：第一，所采集文物特征色具有代表性；第二，能满足作业对象色彩管理与还原的需要；第三，需注意同色异谱等情况。

（二）平面藏品采集

根据《美术馆藏品二维影像采集规范》（WH/T 81—2019），平面藏品采集过程需分别满足下列要求。

1. 单件平面藏品

单件平面藏品的采集需满足以下要求：

第一，采集全形影像一幅。

第二，对于配框藏品，其画框具有重要意义，带框、不带框和带框背面各采集一幅。

第三，对于中式装裱藏品，采集画心。如其装裱具有重要意义，则画心和全形（完整装裱）各采集一幅。

第四，平面文物背面是否采集，应综合经费情况、文物珍贵程度、研究利用等需求进行考虑。

2. 成套平面藏品

成套平面藏品应按原作状态拍摄组合影像，并逐一采集每件单体藏品。

3. 平面藏品局部影像

这些情形应采集藏品局部影像：题识、印鉴、署名等标识性内容；伤残、破损部位；特殊装裱形式；其他特殊信息。

（三）立体藏品

1. 单件立体藏品

应选取能够展现藏品主题、造型或结构特征、工艺特色的角度，拍摄全形影像一幅，可再从其他侧面、以正视角度进行拍摄。

2. 成套立体藏品

应拍摄一张或多张组合影像（影像应能准确表现每一单体藏品在群组中的位置及其组合（组装）关系），并逐一单独拍摄每件单体藏品。

3. 立体藏品局部影像

这些情形应拍摄藏品局部影像：伤残、破损部位；铭刻、题识等标识性内容；其他特殊信息。

四、数据处理

（一）图像校色

图像校色是对相机和扫描仪所获取数据进行的第一步工作，即对相关图像进行校色处理。图像校色目前可分为人工校色和软件自动校色。部分软件可在完成数据的拼接、裁剪等处理流程后，再结合文物代表色数值对数字化成果进行颜色修正处理。

1. 人工校色

人工校色常用的方法是使用 DNG Profile Editor、Photoshop、Lightroom、Capture One 软件进行校色。经过对相关技术的跟踪和测试，目前阶段，浙江大学认为 Capture One 软件是相关软件中校色处理效果较好的软件。在照片调色方面，该软件利用 RAW 转化运算技术，与 Photoshop、Lightroom 相比，图像画质更佳，对于细节的保留要更多，层次的过渡要更好，还有色彩的控制要更细腻。在降噪方面，Capture One 也有自己独到的地方。利用拥有专利的降噪算法，它能够进行比较细腻的噪点控制。在放大的细节中能够看出，它采用的方式不同于大多数降噪处理的方式，不是将噪点模糊，而是将噪点归纳，利用周围像素的关系来中和噪点。

2. 软件自动校色

自动校色技术

自动校色的软件有多种，分别应用于不同种类设备、不同的颜色处理阶段以及不同的目标效果。ICC 文件是为了统一不同种类设备而制作的文件，定标过程会应用到大量不同的纯色块作为定标物，这些色块可以是实物，也可以用显示器显示出来，然后依据这些纯色块的标准值修正当前设备的颜色偏差。厂家最后制作成 ICC 文件，使用软件或者硬件加载到设备当中，完成最初的颜色校正。但由于厂家批量的生产，每台设备的颜色都会略有偏差，而长期的使用以及环境的变化都可能导致原有 ICC 文件的部分误差，且标定的也非全部颜色，而未在标定色上的其他颜色其实是依靠算法推导出来的，也会引入部分的误差。且相机扫描仪等输入设备使用的感应通道只有 3~4 个，通道之间由于技术原因会有部分叠加，从而使数据不够精确。同时，一些其他因素也会导致原有颜色采集显示不够精确。因此需引入一些技术加以干预，修正采集图像的颜色。如使用爱色丽的分光光度计可以修正显示器颜色，再外加一套自动平台，可以修正打印机输出颜色。

基于代表色的文物色彩管理技术

浙江大学文物数字化团队研究的色彩还原显示方法主要使用 sRGB 色彩空间（也可以是 Adobe RGB 色彩空间），CIELAB 色彩空间也会在真实色彩的标准数据中加以应用。爱色丽 24 色色卡、D65 照明以及显示色温、sRGB 色彩显示空间为以下表述所采用的配置。

颜色采集的主要问题

色彩数据的采集与显示存在诸多问题，这里只针对色彩数据的采集还原问题，不对显示技术加以研究讨论，默认显示器作为标准显示器加以应用。颜色数据的采集问题主要有三个：采集使用灯光色温问题；采集使用灯光光谱连续性问题；采集设备传感器问题。

实际上采集使用灯光色温问题与采集设备传感器问题可以被视为数据的线性关系，而采集使用灯光光谱连续性问题则是特定点的曲线关系，可以近似看成特定点间的线性关系。综上，我们把三个问题视作黑盒子，认定实际颜色与采集结果之间存在空间线性关系以及特定空间点的线性关系，那只需足够多的空间点就可以把色彩空间中的诸多线性关系表达清楚，且可以通过原标准空间关系解决上述三个问题。

色彩还原算法

由于颜色系统使用 X、Y、Z 三刺激值（tristimulus values）作为标准色彩表达，而 sRGB 值是通过 X、Y、Z 值转化而来，其实 RGB 通道值是相互关联的，同时相机采用 RGB 光学传感器单通道，使用积分数值会相互侵染，无法互相隔绝，致使 RGB 通道无法独立地做线性修正。而使用空间四面体拟合的方式则很好地保持了通道之间相互影响的因素，并最大限度地保证了多通道的线性效果。色彩空间模型建立在 sRGB 空间内，以 RGB 0~255 值作为空间立方体的 8 个顶点，使用爱色丽色卡上的 24 种标准色彩值（R、G、B）作为此色块在 sRGB 空间内的点坐标，之后使用 VTK 库的 3DDelaunay 算法找出空间内由 24 点组成的所有四面体。借助设备采集的色块数据，可以建立一个相应的空间四面体模型（见图 3.28）。

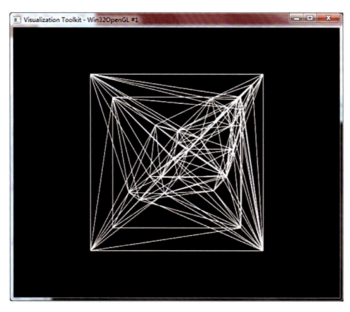

图 3.28　基于 sRGB 色彩空间的四面体划分

随后，借助采集数据的模型向标准模型做空间插值拟合计算，以完成对于采集数据的色彩还原处理。sRGB 与 LAB 空间转化主要包含 Lab to XYZ（见图 3.29）、XYZ to RGB（见图 3.30）、RGB to XYZ（见图 3.31）、XYZ to Lab（见图 3.32）四个公式。

This conversion requires a reference white (X_r, Y_r, Z_r).

$$X = x_r X_r \tag{1}$$

$$Y = y_r Y_r \tag{2}$$

$$Z = z_r Z_r \tag{3}$$

where

$$x_r = \begin{cases} f_x^3 & \text{if } f_x^3 > \epsilon \\ (116 f_x - 16)/\kappa & \text{otherwise} \end{cases} \tag{4}$$

$$y_r = \begin{cases} ((L + 16)/116)^3 & \text{if } L > \kappa \epsilon \\ L/\kappa & \text{otherwise} \end{cases} \tag{5}$$

$$z_r = \begin{cases} f_z^3 & \text{if } f_z^3 > \epsilon \\ (116 f_z - 16)/\kappa & \text{otherwise} \end{cases} \tag{6}$$

$$f_x = \frac{a}{500} + f_y \tag{7}$$

$$f_z = f_y - \frac{b}{200} \tag{8}$$

$$f_y = (L + 16)/116 \tag{9}$$

$$\epsilon = \begin{cases} 0.008856 & \text{Actual CIE standard} \\ 216/24389 & \text{Intent of the CIE standard} \end{cases} \tag{10}$$

$$\kappa = \begin{cases} 903.3 & \text{Actual CIE standard} \\ 24389/27 & \text{Intent of the CIE standard} \end{cases} \tag{11}$$

图 3.29   Lab to XYZ

Given an XYZ color whose components are in the nominal range [0.0, 1.0] and whose reference white is the same as that of the RGB system, the conversion to companded RGB is done in two steps.

1. XYZ to Linear RGB

$$\begin{bmatrix} r \\ g \\ b \end{bmatrix} = [M]^{-1} \begin{bmatrix} X \\ Y \\ Z \end{bmatrix} \tag{1}$$

This gives linear RGB, [rgb].

2. Companding

The linear RGB channels (denoted with lower case (r, g, b), or generically v) are made nonlinear (denoted with upper case (R, G, B), or generically V).

$$v \in \{r, g, b\} \tag{2}$$

$$V \in \{R, G, B\} \tag{3}$$

The same operation is performed on all three channels, but the operation depends on the companding function associated with the RGB color system.

Gamma Companding

$$V = v^{1/\gamma} \tag{4}$$

sRGB Companding

$$V = \begin{cases} 12.92v & \text{if } v \leq 0.0031308 \\ 1.055v^{1/2.4} - 0.055 & \text{otherwise} \end{cases} \tag{5}$$

L* Companding

$$V = \begin{cases} \frac{v\kappa}{100} & \text{if } v \leq \epsilon \\ 1.16\sqrt[3]{v} - 0.16 & \text{otherwise} \end{cases} \tag{6}$$

$$\epsilon = \begin{cases} 0.008856 & \text{Actual CIE standard} \\ 216/24389 & \text{Intent of the CIE standard} \end{cases} \tag{7}$$

$$\kappa = \begin{cases} 903.3 & \text{Actual CIE standard} \\ 24389/27 & \text{Intent of the CIE standard} \end{cases} \tag{8}$$

图 3.30   XYZ to RGB

A companded RGB color [RGB], whose components are in the nominal range [0, 1], is converted to XYZ in two steps.

1. Inverse Companding

First, the companded RGB channels (denoted with upper case (R, G, B), or generically V) are made linear with respect to energy (denoted with lower case (r, g, b), or generically v).

$$v \in \{r, g, b\} \tag{1}$$

$$V \in \{R, G, B\} \tag{2}$$

The same operation is performed on all three channels, but the operation depends on the companding function associated with the RGB color system.

Inverse Gamma Companding

$$v = V^\gamma \tag{3}$$

Inverse sRGB Companding

$$v = \begin{cases} V/12.92 & \text{if } V \le 0.04045 \\ ((V + 0.055)/1.055)^{2.4} & \text{otherwise} \end{cases} \tag{4}$$

Inverse L* Companding

$$v = \begin{cases} 100v/\kappa & \text{if } V \le 0.08 \\ ((V + 0.16)/1.16)^3 & \text{otherwise} \end{cases} \tag{5}$$

$$\kappa = \begin{cases} 903.3 & \text{Actual CIE standard} \\ 24389/27 & \text{Intent of the CIE standard} \end{cases} \tag{6}$$

2. Linear RGB to XYZ

$$\begin{bmatrix} X \\ Y \\ Z \end{bmatrix} = [M] \begin{bmatrix} r \\ g \\ b \end{bmatrix} \tag{7}$$

图 3.31　RGB to XYZ

This conversion requires a reference white (X_r, Y_r, Z_r).

$$L = 116f_y - 16 \tag{1}$$

$$a = 500(f_x - f_y) \tag{2}$$

$$b = 200(f_y - f_z) \tag{3}$$

where

$$f_x = \begin{cases} \sqrt[3]{x_r} & \text{if } x_r > \epsilon \\ \frac{\kappa x_r + 16}{116} & \text{otherwise} \end{cases} \tag{4}$$

$$f_y = \begin{cases} \sqrt[3]{y_r} & \text{if } y_r > \epsilon \\ \frac{\kappa y_r + 16}{116} & \text{otherwise} \end{cases} \tag{5}$$

$$f_z = \begin{cases} \sqrt[3]{z_r} & \text{if } z_r > \epsilon \\ \frac{\kappa z_r + 16}{116} & \text{otherwise} \end{cases} \tag{6}$$

$$x_r = \frac{X}{X_r} \tag{7}$$

$$y_r = \frac{Y}{Y_r} \tag{8}$$

$$z_r = \frac{Z}{Z_r} \tag{9}$$

$$\epsilon = \begin{cases} 0.008856 & \text{Actual CIE standard} \\ 216/24389 & \text{Intent of the CIE standard} \end{cases} \tag{10}$$

$$\kappa = \begin{cases} 903.3 & \text{Actual CIE standard} \\ 24389/27 & \text{Intent of the CIE standard} \end{cases} \tag{11}$$

图 3.32　XYZ to Lab

校色流程

以软件对"五星出东方利中国"锦护膊的色彩管理为例。在获得高精度原始图像数据后，使用浙江大学自主研发的基于特征颜色空间拟合的高精度文物数字化颜色校正软件（Color Manage）进行色彩校正。该软件可使用标准色卡单独校正色彩，也可配合代表色信息进行修正，基本流程如图 3.33 所示。

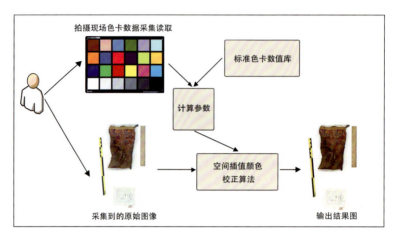

图 3.33   Color Manage 进行色彩校正的基本流程

代表色 Lab 值提取

对锦护膊代表色的提取由浙江大学和北京联合大学共同进行，共选取 17 个采样点（见表 3.2），具体取点位置如图 3.34 所示。每提取一处代表色后，需将所获取的 Lab 值输入 Photoshop 的拾色器，对所采集数值形成的颜色以肉眼观察方式与实物进行核实，确认数据合理、有效，若发现有明显偏差，则重新测量。

表 3.2   "五星出东方利中国"锦护膊（新疆维吾尔自治区文物考古研究所库藏）典型色取样值

序号	L	A	B	H	C	X	Y	Z
1	34.60	3.03	11.27	74.93	11.67	8.22	8.30	5.97
2	32.35	2.99	10.06	73.47	10.50	7.18	7.24	5.36
3	38.70	3.67	12.41	73.51	12.95	10.44	10.49	7.48
4	38.45	3.20	13.19	76.37	13.57	10.24	10.34	7.15
5	39.93	3.20	13.57	76.74	13.94	11.08	11.21	7.74
6	42.89	3.68	14.83	76.06	15.28	12.98	13.08	8.87
7	64.11	2.41	12.59	79.14	12.82	31.97	32.94	26.93
8	59.33	2.83	15.14	79.40	15.41	26.72	27.39	20.56
9	59.27	1.48	10.70	82.15	10.80	26.32	27.32	22.97
10	70.69	2.84	15.66	79.71	15.92	40.58	41.74	32.60
11	64.58	2.72	14.56	79.43	14.81	32.62	33.52	26.19

续表

序号	L	A	B	H	C	X	Y	Z
12	53.09	2.82	15.61	79.75	15.86	20.66	21.13	15.10
13	34.67	−0.13	−15.00	269.50	15.00	7.91	8.33	14.59
14	35.91	0.59	−15.28	272.20	15.29	8.59	8.96	15.66
15	66.27	2.18	12.43	80.05	12.62	34.53	35.67	29.49
16	52.84	−4.22	11.74	109.77	12.48	19.03	20.90	16.65
17	51.27	5.23	4.58	41.22	6.95	19.56	19.50	18.82

图 3.34　"五星出东方利中国"锦护膊（新疆维吾尔自治区文物考古研究所库藏）
典型色取点位置示意

选取色卡及其参数

选取二维扫描图像中的标准色卡范围，软件将自动读取色卡信息。选择色域、色
卡型号、图像采集设备和光源色温后，软件开始计算（见图 3.35、图 3.36）。

图 3.35　色卡计算过程

图 3.36　加载"五星出东方利中国"锦护膊原始数据校色过程

对扫描数据进行校色

校色软件将 RGB 色彩空间作为三维空间进行每个像素值的插值校正，使用色卡标准值和 17 个代表色实测值分别或共同作为插值校正的特征依据。单独使用色卡进行校正，各项数据均好于初始采集数据，但对于特定的几种颜色的校正结果并不能非常接近实物颜色，如点 10、13，并没有完全修正到位（见图 3.37）。

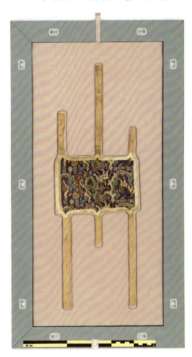

图 3.37　"五星出东方利中国"锦护膊（新疆维吾尔自治区文物考古研究所库藏）
单独使用色卡校色结果

可进一步使用代表色提高校正水平。由于 17 个采样点部分重复，部分数据均匀性不佳，在此采用其中 3 个代表色 Lab 值作为试验依据，分别为点 10（174，165，146）、13（72，74，85）、15（143，137，124）。使用 Photoshop 拾色器（拾取点平均直径 31 像素）吸取图像上的 3 个代表色点位置，之后将 Lab 信息输入至软件中（见图 3.38）。可以发现经过 3 个代表色修正后，10 号与 13 号点位颜色更加接近于真实色彩（见图 3.39、图 3.40、图 3.41），效果优于无特征色代表的普通修正。

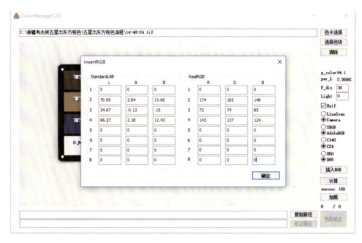

图 3.38 输入提取值

图 3.39 "五星出东方利中国" 锦护膊（新疆维吾尔自治区文物考古研究所库藏）
加入 3 种代表色数值修正后结果

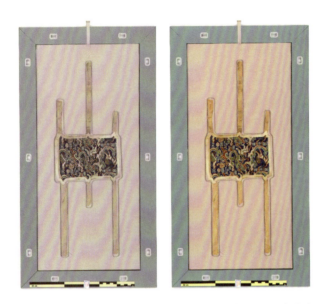

图 3.40   "五星出东方利中国"锦护膊（新疆维吾尔自治区文物考古研究所库藏）
实验数据整体效果对比

注：左为初始结果，中为 24 色修正结果，右为 3 种代表色修正结果。

图 3.41   "五星出东方利中国"锦护膊（新疆维吾尔自治区文物考古研究所库藏）
实验数据效果局部放大对比

注：左为 24 色修正结果，右为补充 3 种代表色修正结果。

（二）图像拼接

图像拼接分为人工拼接和软件自动拼接。

1. 人工拼接

使用扫描设备所获取的数据，由于设备本身所获取的图像数据即为正射影像，不存在变形的问题。当平面文物的高差不大时，使用 Photoshop、PTGui 软件对其进行自动拼接或人工对齐处理即可。当文物存在一定高差时，还可结合相关软件自带的一些辅助功能进行处理，如使用 PTGui 软件的"控制点"辅助功能进行辅拼接，拼接完成后，应及时对相邻两张图像拼接之间的接缝进行仔细核查，确保数据拼接精度达到项目预期目标。

2. 软件自动拼接

当待拼接文物局部图像数量大或高差起伏较大时，可利用摄影测量软件计算其正射影像图，拍摄方法和数据计算处理方法可详见第五章。

（三）影像旋转与裁切

影像旋转与裁切应符合下列要求：

第一，影像因拍摄时放置原因出现歪斜、倒置等，需根据主体内容旋转画面。

第二，当影像出现主体画面内容过小或不水平、背景画面杂乱等现象时，应对影像进行裁切处理。

第三，影像裁切不应破坏主体画面内容，裁切后的主体画面内容面积占整个画面面积应不小于 60%。

（四）亮度调整

亮度调整应符合下列要求：

第一，应根据数据处理软件中色阶曲线数值进行亮度指标的判读，辅以人工判断，确定影像曝光是否正常，如果曝光不足或曝光过度，需重新进行影像数据采集。

第二，当亮度值超过正常范围或视觉判断反映出亮度差时，应采用加工软件调整亮度值、色阶曲线等方法调节亮度，将影像画面亮度值调至正常范围。

第三，进行亮度调整时应保证影像的高光、阴影部分层次清晰、无明显画质损失。

（五）对比度调整

对比度调整应符合下列要求：

第一，当影像的对比度对细节的表达有影响时，应通过加工软件进行调整。

第二，进行对比度调整时应保证影像色相不发生变化。

（六）锐化调整

锐化调整应符合下列要求：

第一，通过人工判断，确定影像清晰程度和边缘锐利程度。

第二，当影像的清晰程度和边缘锐利程度不足时，应通过加工软件进行锐化调整，提高相邻像素的对比度。

第三，进行锐化调整时应避免出现噪点增多、边缘白边、画面细节丢失等问题。

（七）文本资源处理

对于需进行文本资源加工处理的部分特殊藏品，如贝叶经等，可采用人工校对和光学字符识别的方式进行处理，需符合《图书馆馆藏资源数字化加工规范　第 2 部分：文本资源》（GB/T 31219.2—2019）的规定。

（八）图像存储

图像存储应符合下列要求：

第一，通过数字设备获取的原始图像数据应不做任何修改而封装存储。

第二，经过处理的数字图像存储应选择通用、无损压缩的格式，并尽可能保留色彩通道的最大有效深度。

第三，经过处理的、容量为 4GB 以下的图像，应采用 TIFF 格式，并用 LZW 无损压缩方式存储。

第四，经过处理的、容量为 4GB 以上的图像，应使用 PSB 或 TIFF 格式存储。

第五，存储有损压缩的图像，应选择 JEPG 格式，压缩比率不得大于 10 ∶ 1。

五、采集与处理信息记录

（一）现场采集信息记录

工作现场应采集并记录包含但不限于以下信息：

第一，每件文物采集过程中所使用的设备及设置参数，如相机的感光度、色温、焦距、光圈、曝光速度等。

第二，每件文物数据采集人员、数据登记人员、数据检查与复核人员、采集与登记日期等关键信息。

第三，每件文物采集时的图像起始编号和结束编号。

第四，采集过程中的步骤信息。

此外，宜根据采集现场信息记录的内容，制作相应信息记录表格，图像数据现场采集登记表样式可参见附录 1，文物代表色采样数据记录表格可根据采样设备类型参见附录 3。

（二）后期处理信息记录

宜根据数据后期处理信息，结合质量检查内容，编制馆藏文物数字化图像数据处理登记表，样式可参见附录 2。文物代表色采样数据整理可参见附录 4。另可参照本书第七章，设计对应的内部质量控制体系。

第四章

馆藏文物的三维扫描

一、采集准备工作

现场采集前的准备工作包括文物放置、标准件放置等。通常情况下，应根据现场的实际情况灵活确定。在进行准备工作时，应同时对数据采集技术路线进行复查，针对原定方案中的不足进行修改与优化，如设计方案跟实际工作有较大出入，应撰写书面修改意见，待方案修改手续完成后再实施。

（一）文物放置

文物的摆放应遵循安全第一的原则。针对不同的文物，可提前制作好不同规格、性质的支撑架作为文物放置的辅助件，以避免使用扫描仪以及转盘转动时造成移位与安全问题。

（二）标准件放置

使用标准件进行质量控制时，应按本书第二章和第七章要求放置标准件。

二、采集范围

关于馆藏文物数据采集的范围，应符合下列要求：

第一，当放置标准件时，应对标准件与文物按照相同要求进行采集。

第二，需分组进行采集的数据，在分组数据中应分别包含用于控制测量的标准件数据，相邻的两组分组数据宜保留一定的重合度以利于拼接处理。

第三，使用粘贴标志点进行辅助扫描时，扫描数据应涵盖标志点。

三、数据采集

（一）关节臂扫描仪

根据浙江大学实际调研和资料搜集所掌握的相关情况，目前文物领域使用较多的为 FARO 关节臂扫描仪和海克斯康关节臂扫描仪。

以下关节臂扫描仪数据采集操作以海克斯康品牌为例。

1. 设备组装

正式组装设备前应检查工作环境的温度、湿度以及供电情况，待工作场地符合设备要求后方可进行设备组装（见表 4.1、图 4.1 ）。

表 4.1　海克斯康关节臂扫描仪使用环境技术参数

项目	要求
测量设备操作时温度（建议）	0~50℃（32~122°F）
测量设备操作时相对湿度	10%~90%
电源要求	100~240V 50/60 Hz 1.8A max
设备允许旋转角度	105 rad/s^2
最大振幅	55~2000 Hz
最大移动频率	6m/s

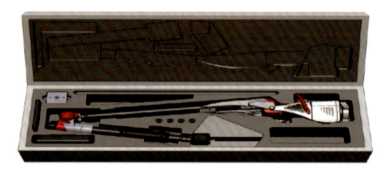

图 4.1　海克斯康关节臂扫描仪开箱状态

关节臂扫描仪属于精密测量设备，震动、外力、不规范操作都可能造成不可逆的损伤，取出与安装调试均需注意，在设备的拿取过程中应采用一手抓一手抱的方式进行（见图 4.2 ）。

图 4.2　设备取出方式

将关节臂扫描仪安装在基座或三脚架上（见图 4.3 ）。

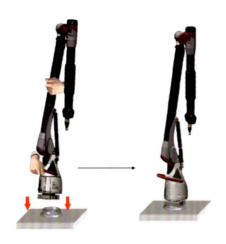

图 4.3　扫描仪与基座连接

将机器放正后，把机器底部旋转盘拧紧，固定好扫描仪（见图 4.4）。

图 4.4　设备安装旋转方向

完成设备组装工作后，按照接口将计算机与设备进行连接，并对采集软件进行设置（见图 4.5）。

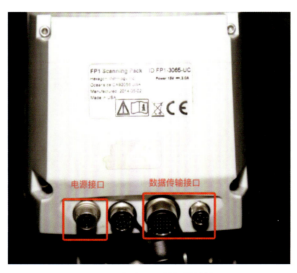

图 4.5　设备电源和数据传输接口

　　设置计算机的网络连接地址。当扫描仪数据线与网线接口连接后，电脑显示本地网络连接出现感叹号，表示连接正确，继续设置网络连接 IP。右键单击"本地网络连接"，选择"属性"，选择"Internet 协议版本 4（TCP/iP4）"，将 IP 地址设置为192.168.178.110，了网掩码设置为 255.255.255.0，左键单击"确定"（见图 4.6）。

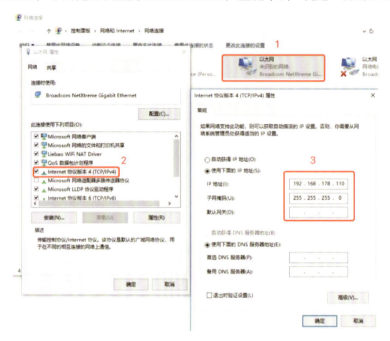

图 4.6　扫描仪网络连接具体参数设置

　　安装海克斯康 RDS 插件。当软件安装成功后，显示器右下角会显示 RDS Scanning 对话框，有曝光方式及扫描宽度和扫描速度，修改所有参数需要进入管理员账户权限（Advanced），默认账户为普通游客账户（Standard），管理员账户密码为账户名称（Advanced），修改好相应的参数后，进行保存（见图 4.7）。

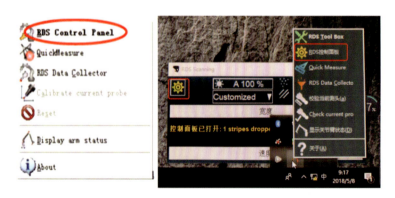

图 4.7　海克斯康 RDS Scanning 对话框

曝光方式一般默认为手动，在扫描的过程中会需要手动调整相关参数，因此建议设置为自动曝光，在"RSx"中找到"Exposure mode"，选择"自动"。点过滤设置为25%，这样在扫描过程中数据显示更流畅（见图4.8）。

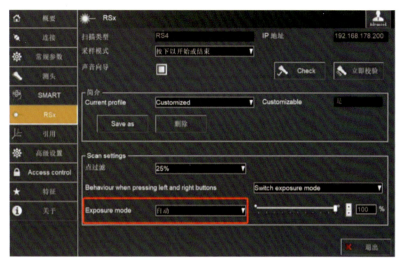

图 4.8　海克斯康 RDS 插件曝光方式调整界面

安装 Geomagic 扫描插件，默认扫描软件为 Ployworks，建议使用 Geomagic 采集数据，其支持运行的数据量非常大。插件可在 Geomagic 官网支持页面 SCANNER HARDWARE PLUG–INS 下载。下载需要对应设备品牌、型号、下载驱动位数、设备出厂时间、使用的相应软件，然后下载并进行安装（见图4.9）。

图 4.9　Geomagic 扫描插件下载

安装好相应的插件后，扫描仪开机，打开 Geomagic，新建一个任务栏，左键单击菜单栏的"采集"，选择"扫描"，将会弹出安装好的插件 Hexagon Absolute，设置相应参数，数据格式只用于有序数据，有序数据选项的间距为 0.014 毫米。选择"扫描"

即可开始扫描数据，红色激光线与红色激光点标准范围处于相交位置，左右偏差不得超过 5 厘米（见图 4.10）。

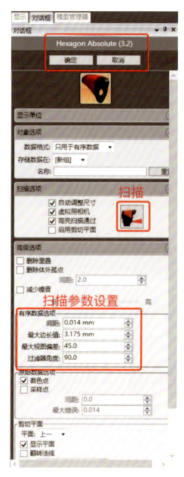

图 4.10　Hexagon Absolute 参数设置界面

　　准备工作完成后，将激光线与测距点尽量调整到重合的位置，开始扫描。扫描数据可实时进行查看，将文物表面全覆盖扫描即可完成三维扫描的数据采集工作（见图 4.11）。

图 4.11　实际作业过程中激光线与测距点显示示例

采集过程中，在确保人身安全的前提下，最为重要的就是文物安全，在每一步的操作中，都要集中精神，正式采集数据前应做好关节臂扫描仪的扫描测试。

实际扫描工作中，每扫描完一组数据，都要对所处理数据进行备份和整理，防止数据丢失，也为后期数据的整理提供方便，尤其是数据量大、分组模型多的项目，合理的整理最为关键。

2. 使用操作

扫描前应再次检查软件的设置参数，重点关注单位、点间距、扫描角度参数。扫描过程中，应一只手紧握扫描仪手柄处，另一只手握住机械臂前段，保证扫描过程中机械臂的合理摆动，从而带动扫描仪进行扫描（见图4.12）。

图 4.12　使用关节臂扫描仪对青州博物馆馆藏珍贵碑刻进行扫描

按手柄处红色按键一次为开始扫描（按第二次为暂停此区域块的扫描，两次为一个循环）。扫描仪手柄头部会投射出红色的激光扫描线与红色的激光测距点，扫描时为了得到最优的数据效果，需调节手柄和所采集物的距离，将扫描线与扫描点重合，同时保证扫描枪稳定、扫描过程匀速。

手柄左右两侧处黑色按键为停止键，按下后结束当前组的数据采集，可以在显示器中检查扫描数据质量与完整度。

如需要增补缺失区域可继续按红色按键后工作。

每次扫描长度建议保持在15~20厘米，如文物结构复杂，则需进行四次扫描（从上到下、从下到上、从左到右、从右到左），手柄与文物呈45°为最佳，以保证各角度都可以完整扫描。对于较为平整的文物，扫描时可从上到下，放慢扫描速度，注意扫描细节。

分区域扫描是为了方便数据的保存及后期数据处理，两组相邻区域之间需保证20% 左右的区域重叠，以为后续的数据处理做好准备工作。

3. 扫描作业注意事项

如设备直接摆放到地面，应注意脚下和身体不要碰到设备。在扫描过程中，实时对扫描数据进行保存，每次保存数据为 1 亿个点左右，以防止扫描过程中，电脑发热死机、软件出现意外重启、突然停电等造成的损失。

（二）手持式三维（激光）扫描仪

手持式三维（激光）扫描仪目前市场上品牌型号较多，我们主要以 Creaform 的handyscan700 与思看的 Kscan Magic 两款扫描仪为主进行了分析实验。

Kscan Magic 是一种利用双目视觉原理获得空间三维点云的仪器，工作时借助于扫描当前帧的标记点与标记点库进行匹配，获得扫描仪和被测物体的空间位置，并用激光发射器发射激光照射在被扫描物体表面，再用工业相机来捕捉反射光，以计算得到物体的外形数据。

1. 设备安装

Kscan Magic 的安装方式如图 4.13 所示。

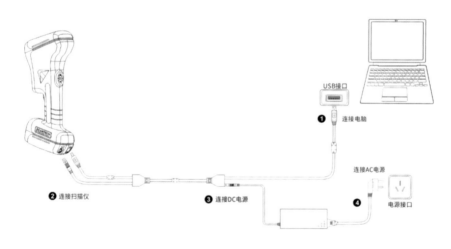

图 4.13　Kscan Magic 组装连接

设备安装完成后需在计算机中安装扫描软件 ScanViewer，右键单击安装包，选择以管理员身份运行，选择安装语言后左键单击"下一步"，设置安装路径，完成安装工作。

扫描软件安装完成后，为保障软件使用的流畅性，需对软件进行运行权限设置。以管理员身份运行程序（见图 4.14），并将扫描软件放入显卡运行。

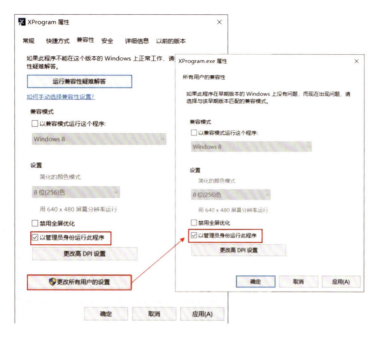

图 4.14　Scan Viewer 管理员权限设置

2. 放入显卡运行（以 NVIDIA 显卡为例）

在桌面空白处右键单击鼠标，在弹出菜单中选择"NVIDIA 控制面板"，在打开的"NVIDIA 控制面板"中，依次选择"管理 3D 设置"、"程序设置"、"为此程序首选图形处理器"、"高性能 NVIDIA 处理器"（若无此选项直接跳过即可）、"添加"、"Scanviewer.exe"、"应用"（见图 4.15）。

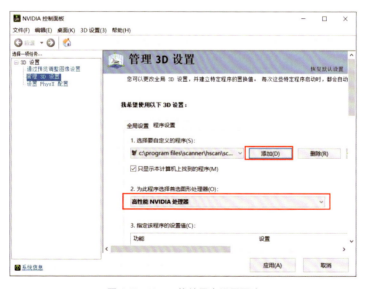

图 4.15　Kscan 软件显卡设置更改

启动 ScanViewer 后需管理文件配置，管理文件配置的方式主要有以下两种。

第一种是配置许可证。打开 ScanViewer 扫描软件，选择"菜单栏"、"其他"、"设备管理"、"配置许可证"，将其更换为随扫描仪一同提供的 U 盘内的 RGF 文件。当设备授权临近截止日期或者即将过期，软件弹出更换授权提示框，左键单击"配置许可证"，更换有效的 RGF 文件。

第二种是更新配置文件夹。打开 ScanViewer，选择"菜单栏"、"其他"、"设备管理"、"更新配置文件夹"，将其更换为随扫描仪一同提供的 U 盘内的备份文件。

3. 扫描仪的快速标定

运行 ScanViewer，连接好后需要使用快速标定板对设备进行快速标定。操作时使标定板两边的标签方向正对使用者。使用者沿红色箭头方向轻微用力推送，打开左右两侧的快速标定板（见图 4.16）。

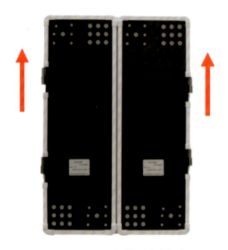

图 4.16　Kscan 扫描仪快速标定

在 ScanViewer 中选择"快速标定"，会弹出"快速标定"界面，将标定板放置在稳定的平面，让扫描仪正对标定板，距离 400 毫米左右，按一下扫描仪开关键，扫描仪发出激光束（以 7 条平行激光为例）。控制扫描仪角度，调整扫描仪与标定板的距离，使得左侧的阴影圆重合；在保证左侧阴影圆基本重合的状态下，不改变角度，水平移动扫描仪，使右侧的梯形阴影重合，然后调整距离使其大小一致。逐渐抬高设备，标定完竖直方向后，进行右侧 45° 标定，将扫描仪向右倾斜约 45°，激光束保持处在第四行与第五行标记点之间，使阴影重合，左侧标定完后进行上侧 45° 标定，将扫描仪向上倾斜约 45°，激光束保持处在第四行与第五行标记点之间，使阴影重合。上侧标定完后进行下侧 45° 标定，将扫描仪向下倾斜约 45°，激光束保持处在第四行与第五行标记点之间，使阴影重合。

标定完成后软件会对本次标定精度进行计算，并显示标定精度（见图 4.17）。

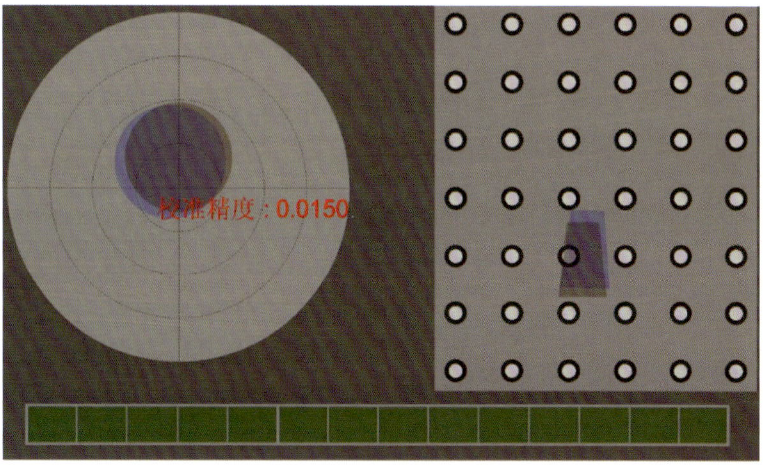

校准精度：0.0150

图 4.17　标定完成后显示的标定精度

4. 点云扫描

标定完成后，可以开始扫描。扫描时，先对物体表面的标记点进行扫描，建立物体的坐标、定位，该步骤称为预扫标记点（该步骤可跳过）。预扫标记点的作用是建立物体各个面的位置关系，采集定位的标记点，使得后续的扫描激光面（点）更容易进行，也使得从面到面过渡更方便。预扫标记点可以使用软件的标记点优化功能，从而提升扫描的精度。左键单击"标记点"，选择"开始"，扫描仪开始预扫标记点，扫描完成后选择"停止"、"优化"（见图 4.18）。

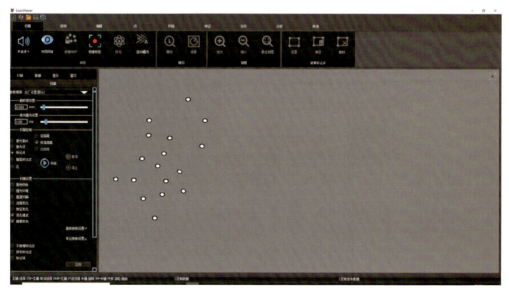

图 4.18　预扫标记点

在扫描激光面（点）之前，需要设置扫描参数（或使用参数的缺省值），如扫描解析度、曝光参数设置、扫描控制、高级参数设置以及专业参数设置等（见图 4.19）。扫描激光面（点）时，要注意扫描仪的角度和扫描仪与工件的距离，平稳移动扫描仪，使用激光将空白位置数据采集完全。扫描完全后左键单击"停止"，软件开始处理所扫描的数据，等数据处理完成，激光面（点）扫描结束。

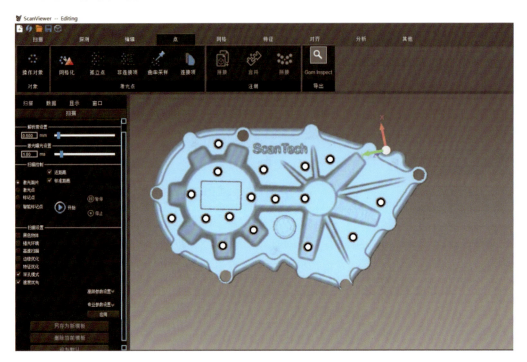

图 4.19　设置扫描参数并进行现场数据质量检查

由于文物本体的脆弱性和不可再生性，博物馆对于文物的提出与归还有着严格的流程，不太可能进行多次反复的扫描。因此完成单件文物的三维扫描工作后，有必要对数据质量进行快速检查，判断数据质量是否满足项目方案要求。

检查内容一般包括点云覆盖率、点间距、点云噪声、网格模型的漏洞、模型分层等。如出现夹层网格现象，则说明在数据采集过程中文物或者扫描仪有移动，建议检查文物摆放环境和设备后重新采集数据。如出现网格模型大量空洞或网格质量存在大量不均一性时，则是数据覆盖完整度存在问题，建议针对缺失的区域进行补扫描工作。部分设备自带的数据处理软件含有上述功能，可自动进行检测。

（三）拍照式三维扫描仪

这里以拍照式三维扫描仪 Reeyee OKIO 系列为例，具体操作可以参见 Reeyee OKIO 系列使用说明书。

在硬件连接和系统安装后，启动系统。根据需要调整相机的参数，得到满意的图像质量。可根据引导文字对相机参数进行调节，直到指示图达到绿色 OK 状态且相机图像最亮。相机焦距及光圈的调节顺序如图 4.20 所示。

图 4.20　相机焦距及光圈的调节顺序

相机调节完成后根据引导说明进行光栅机调节，之后进行相机标定。相机标定时需要调节扫描头，在 7 个规定位置进行拍摄，并进行标定计算。如果选择了平面标定，需要利用标定块的背面进行 5 次规定位置的白平面的标定（具体位置详见设备的操作说明），标定完成后才可进行扫描。

扫描模式可选择单片扫描、标志点拼接扫描或框架扫描。单片扫描只需进行一次拍摄，而标志点拼接扫描是利用两次拍摄之间的公共标志点信息来实现对两次拍摄数据的拼接。需注意：标志点只能贴在物体平面部分或曲率均匀变化的位置上；每两次扫描的公共标志点个数要不少于 4 个；在测量大型物体时，为了控制整体误差，可先建立框架，再进行标志点拼接测量。

综合三种扫描模式的操作流程如下：①确认左右相机拍摄场景及光栅视窗均打开，光栅视窗投射蓝光；②确认相机定标已完成，在 .\CalibData 目录下有 camera.bin 文件；③调整好测量头到被测物体的距离，根据需要调整两个相机参数；④进行光栅发射器焦距的调整，使投出的光栅清晰可见；⑤左键单击工具栏中的"新建"，选择"工程扫描模式"；⑥根据扫描模式进行扫描；⑦显示结果并保存。

在第⑥步中，三种扫描模式不同。只进行单片扫描时，系统将在物体上投射一系列光栅，在相机视场中会有实时显示，光栅投射完后，系统会弹出对话框，选择"确定"后，此次扫描结束。在进行标志点拼接扫描时，第一次扫描完成后，变换物体位置或移动扫描仪的位置，再次扫描第二个位置。扫描完成后，工具栏中的（拼接）命令被激活，可选择该命令，或再次变换物体的位置，或改变扫描仪的位置，选择"扫描"，直到整个物体扫描完成，选择"拼接"（见图 4.21）。而框架扫描则是反复移动扫描仪或被测物体进行拍照，直到把整个被测物体上的标志点测量完。

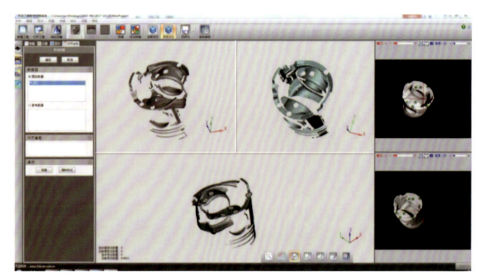

图 4.21　Reeyee OKIO 系列标志点拼接扫描数据拼接示例

（四）手持式三维（光栅）扫描仪

手持扫描的采集对象应是固定的，且物体周围有足够的操作空间，以 Artec LArtec Leo 手持式三维（光栅）扫描仪为例，其在安装和激活后即可开始数据采集。

数据采集时应注意以下事项。

第一，确认扫描范围。设备的默认扫描范围为 0.35~1.20 米，最佳距离为 0.50 米，远距离可能导致扫描效果不佳（见图 4.22）。

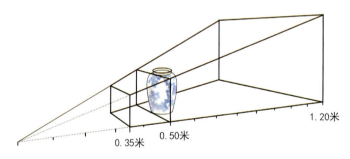

图 4.22　Artec LArtec Leo 数据扫描距离

第二，数据采集时应始终握住扫描仪手柄，必要时可使用另一只手辅助。

第三，可适当使显示器倾斜，以观察所需扫描场景。若倾斜角度过大或抬起扫描仪，显示内容可能会消失。

第四，扫描暂停时，后期若扫描同一场景，可以通过创建添加项与之前的数据对齐。若扫描场景更改或移动了对象，可在项目下添加扫描。

第五，可选择高清模式以达到 0.2 毫米的高分辨率。

第六，可选择"BASE REMOVAL"移除搁置被扫描物体的桌子等其他对象（见图4.23）。

图 4.23 采集界面展示

第七，可以选择目标辅助扫描。扫描前将带有标志信息的目标文件上传到设备上，当扫描仪识别到目标时可以准备开始扫描，如果扫描过程中看不见目标，记录将中断。

第八，扫描完成后，可使用 microSD 卡或者将设备和计算机连接以导入数据。

（五）结构光扫描仪

使用结构光扫描仪进行数据采集前需要安装硬件、软件，标定扫描仪，然后再开始扫描，并执行对齐等处理过程。

以海克斯康集团的爱康结构光扫描仪及其 OptoCat 软件为例。

待设备按照产品说明书完成安装，镜头和传感器等校准完毕后，开始扫描。OptoCat 的扫描策略有轮廓匹配、标记点匹配、自动采集等方式，也可以配备支持 OptoCat 的机器人或 NaviScan 系统进行。扫描完成后，需要执行对齐、合并、后续处理、检查这些基本操作。接下来具体展示数据采集中不同的扫描模式特点及扫描过程。

轮廓匹配基于表面几何进行对齐，适用于表面几何结构不规则的文物。此方式不需要任何测量标记或参考体，除非测量对象具有很规则的几何结构，如球体、平面等。在扫描过程中，初次测量仅作为基础以确立坐标系。

标记点匹配需要借助标记点将单次扫描结果合并。这种扫描方式适合于各种形状的文物对象。标记点需要随机分配，并避免对称布置，每次扫描需要捕捉 5~7 个标记点。需要注意的是，在文物表面不要随意喷涂喷雾或标记点，可扩大对象采集范围，建议将标记点布置在文物周围。

自动采集要与转台或转动–倾斜装置结合使用，通过指定要执行的扫描次数，可计算出传感器需要停止的连续角度位置，从而在各个角度位置自动执行测量。

与以上测量方式共通的扫描阶段如下：①将传感器和对象移动到正确的图像捕捉位置，同时考虑最佳测量距离。②设置亮度级。③启动测量，进行数据采集（自动）。④如果选择标记点匹配，则需要进行标记点检测；如果选择自动采集，则需要输入倾斜位置（如果使用转动–倾斜装置）和每次旋转的扫描次数。⑤数据计算（自动）。

每次测量需要与前后测量有较大的重叠区域以便后续对齐，如图 4.24、图 4.25 所示。

图 4.24　绿框内为轮廓匹配采集方式的前后扫描重叠面积

注：左为初始捕捉结果，右为后续捕捉结果。

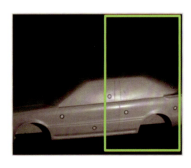

图 4.25　绿框内为标记点匹配采集方式的前后扫描重叠面积

注：左为初始扫描捕捉结果，右为后续扫描捕捉结果。

四、现场质量检查与信息记录

（一）现场数据质量检查

1. 关节臂扫描仪数据检查

关节臂扫描仪精度非常高，细小的震动、晃动、移动都会对模型数据产生很大的影响。数据检查方法如下。

第一步，使用 Geomagic 软件扫描完成的模型，进入点模式，选择"有序采样"，将采样分辨率选为 1/25~1/64，左键单击"应用"完成数据的降采样工作（见图 4.26）。

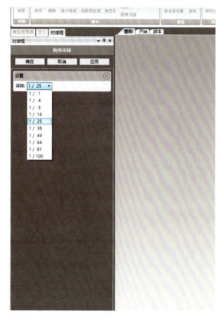

图 4.26 Geomagic 软件"有序采样"参数设置界面

第二步，选择"联合点对象"命令并应用，待点云联合完成后，点云总数高于 500 万的，建议使用随机采集，按照百分比将点云总数调整到 500 万以下（见图 4.27）。

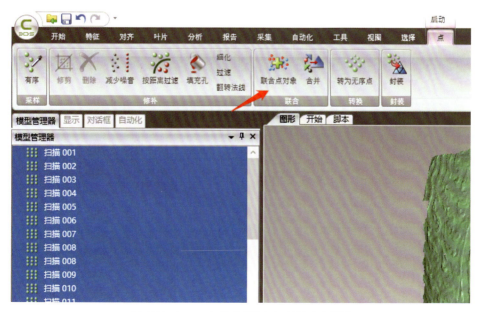

图 4.27 Geomagic 软件"联合点对象"命令界面

第三步，左键单击"封装完成"。若模型出现大量的夹层、空洞、错位等，建议重新进行扫描；若出现少量的夹层、空洞、错位等，建议在设备与文物未移动的前提下新建分组，补扫描出现问题的区域；若扫描仪或文物已移动，可新建场景，补扫描出现问题的区域；若模型仅有少量小孔，无错位、夹层等，则无须进行补采集。

2. 手持式三维（激光）扫描仪数据检查

目前，一般的手持式三维（激光）扫描仪（如 Kscan）在数据采集过程中提供了实时的画面显示，可根据显示的细节判断模型是否有空洞，并根据扫描精度判断其是否符合数据采集预期，待数据补扫描完成后可进行低精度的网格化工作。

若模型仅存在少量小孔，无错位、夹层等，则无须进行补采集；若模型出现大量的夹层、空洞、错位等，建议重新进行扫描。

3. 拍照式三维扫描仪数据检查

拍照式三维扫描仪的数据采集过程基本与结构光扫描仪的数据采集过程相同，只是解算三维点云的方法与工作原理不同。拍照式三维扫描仪的数据检查方式可直接参考结构光扫描仪的数据检查流程。

4. 手持式三维（光栅）扫描仪数据检查

一般的手持式三维（光栅）扫描仪（如 Go Scan、Artec LArtee LEO）在数据采集过程中即可做到实时显示，待暂停数据采集时可对模型进行预览模式的查看，通过预览模式可以判断模型是否存在空洞、缺失、覆盖率低等问题，确认数据质量后可选择"扫描"按钮继续扫描，直到完成整个数据的采集工作（见图 4.28）。

图 4.28　Artec LArtee LEO 实时显示的采集数据

5. 结构光扫描仪数据质量检查

使用结构光扫描仪在数据采集过程中需要不停地对采集文物进行角度的调整，常规情况下会配合转盘使用，在整个扫描过程中需要保证在模型角度的切换时结构光扫描仪需要完整覆盖被扫描对象的全部区域，数据的质量检查也主要集中在此。

具体数据质量检查方式有两种：第一种，在数据采集的配套软件中，一般会提供多组扫描点云，根据模型特征进行的自动对齐命令，可利用此命令快速完成扫描文物的数据拼接预览，根据此三维点云模型判断模型是否有角度的缺失，若存在角度的缺失则需调整文物和结构光扫描仪的角度完成数据的补采集工作。第二种，选择Rapidform 和 Geomagic 等第三方三维软件进行点云自动拼接的，待自动拼接完成后根据点云模型判断是否需要进行补采集。

（二）现场采集信息记录

工作现场采集信息记录包含但不限于以下内容：

第一，记录每件文物采集过程中所使用的设备及设置参数，如扫描技术、扫描设备具体型号等。

第二，记录每件文物数据采集人员、现场工作人员、采集与登记日期等关键信息。

第三，记录每件文物采集的数据类型和数据量。

第四，宜记录采集过程中的步骤信息。

第五，宜根据采集现场信息记录的内容，制作相应信息记录表格，样式可参见附录1。

五、三维数字化结果

图 4.29、图 4.30、图 4.31、图 4.32、图 4.33、图 4.34 展示了浙江大学运用三维扫描技术完成的典型馆藏文物三维数字化的结果。

图 4.29 金白釉印花刻文枕（青州博物馆藏）高清自动纹理映射模型背立面正射影像图

图 4.30 金白釉印花刻文枕（青州博物馆藏）激光模型背立面正射影像图

图 4.31　钧窑天蓝釉香炉（青州博物馆藏）高清自动纹理映射模型背立面正射影像图

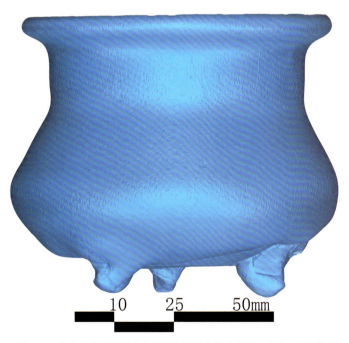

图 4.32　钧窑天蓝釉香炉（青州博物馆藏）激光模型 D 视角正射影像图

图 4.33　至大元年（1308 年）铜镜（青州博物馆藏）高分辨率纹理自动映射模型正立面正射影像图

图 4.34　至大元年（1308 年）铜镜（青州博物馆藏）激光模型正立面正射影像图

第五章

馆藏文物的摄影测量

一、准备工作

馆藏文物摄影测量准备工作的基本操作可参考本书第二章和第三章。

文物的摆放要遵循安全的原则，避免任何情况的晃动，拍摄过程中的晃动还会对画面质量造成影响。摆放在置物架上的文物，可借助水平仪等辅助工具来校准。除此之外，尽量保持所拍摄文物四周无杂物，无遮挡，为相机从各个角度采集数据提供可行性。

结合需采集文物的总体数量、材质、大小等因素，以科学合理的方式归类整理需采集的文物。这样做一方面可批量进行信息采集，可节约时间避免相关重复步骤，另一方面能更好地统计信息采集的工作量和所需工作时间，节约工作成本。但将部分构件在不影响采集精度和效果的前提下，多组放在一起进行组合扫描，以提高效率的做法是不可取的。

以浙江大学 2013 年在青州博物馆进行的馆藏文物数字化工作为例，项目为确保造像数字化成果质量，通过联合工作组详细讨论，一致认为应采用分上下两部分分组采集的方式。

首先，由青州博物馆工作人员对造像进行基本清理（见图 5.1）。

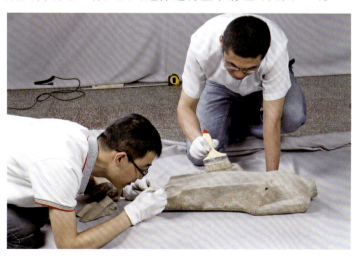

图 5.1　扫描准备工作——文物清理

随后，对于造像上半部分的采集，浙江大学采用了插入铁架的方法立置造像。

在地面铺设灰色衬布以避免地面环境色干扰，并将铁架放置于衬布之上（见图 5.2）。铁架与文物之间可准备软毛巾等物体进行隔离，以保护文物（见图 5.3），由工作人员小心地将文物放置于铁架之上（见图 5.4），并使用衬布对铁架进行遮挡（见图 5.5）。

图 5.2　准备铁架

图 5.3　准备软毛巾

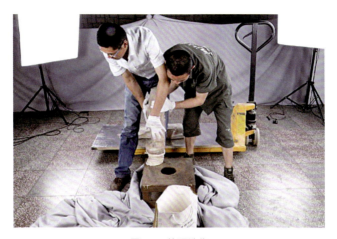

图 5.4　放置造像

图 5.5　用衬布遮挡环境色

而对于造像下半部分的采集，浙江大学采用了插沙盘（见图 5.6）的方法放置造像，需埋入砂粒部分先用软毛巾包裹，再用木楔子在周边做好支撑，确保文物不会移动和倾倒（见图 5.7），木楔子可根据需要适当多准备一些（见图 5.8）。还要使用相同颜色的灰布进行遮挡，避免环境色干扰（见图 5.9）。

图 5.6　沙盘

图 5.7   放置文物

图 5.8   用来固定的木楔子

图 5.9   盖布以遮挡环境色

二、数据采集

摄影测量是一种通过计算利用多张二维图像信息合成三维影像的方法。在理想状态下，摄影测量需要围绕整个需要采集的场景均匀地拍摄若干照片，使整个场景中的相关内容能多角度、全方位地在图像上呈现。采集方式可根据被摄物体是否移动，分为相机切换视角采集和旋转文物采集。在实践过程中通常将文物放置在固定位置，人为切换相机视角，采集文物不同角度的照片以为后期计算合成做准备。本书以此为例进行说明。

（一）相机切换视角采集

1. 图像采集路线设计

在被拍摄文物固定的前提下，相机点位需均匀分布在被摄物体周围，如图 5.10 所示。

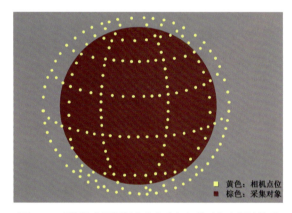

图 5.10 理想状态下相机点位分布与扫描对象之间的关系

采集路线的设计需结合采集对象的实际情况灵活考虑，没有硬性规定，但总的原则是：更系统、有效、方便地采集完相关数据，并且利于后期数据的检查（见图 5.11）。

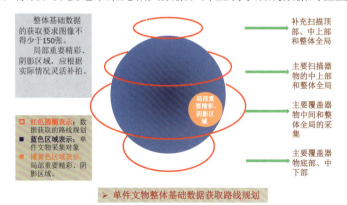

图 5.11 单件文物整体基础数据获取路线规划

2. 图像采集角度

对采集角度的要求是能从多角度对整个场景进行覆盖拍摄，避免出现拍摄死角而使部分区域不能重建出来，避免出现点云空洞的情况。

以一个采集视角为例。为达到良好的结果，主体部分需要被至少三张以上相互重叠的照片覆盖，且在移动相机时确保相近两张照片有 2/3 以上的重合度（见图 5.12）。

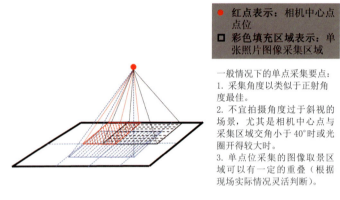

图 5.12　相机单点构图采集区域示意

为取得更佳的三维图像，在拍摄一排照片后，可以切换为较远（近）端相机或者焦距，再进行拍摄。如更换相机或焦距，后期最好进行分组处理（见图 5.13）。

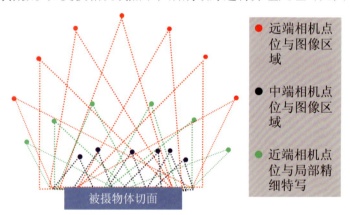

图 5.13　图像自由点采集示例

3. 图像数量要求

所获取的基础图像数据受单件文物特点影响。对于较为复杂、重要部分或者阴影部分，需要增加拍摄张数。图像过多会增大计算量，增加计算时间，对模型颜色也会有一定的影响。太少则会因图像数量不够，导致部分区域重建不出来。

为了保证能一次性做好相关工作，一方面要加强对图像的现场检查，保证获取图像数据的有效性，另一方面可以适当地多拍一些作为后备补充，尽量避免二次重复劳动。

4. 文件格式

应使用无损压缩格式，如 RAW、TIFF 或 DNG 格式。在处理的过程中，可根据需要进行适当压缩，转存为 JPG 等格式。

（二）旋转文物采集

旋转文物采集是将文物放置于转台上进行采集，使用该方式进行作业时有以下建议。

第一，从使用广角镜头开始。

第二，选择与主体的距离并设置焦点，将镜头设置为"手动对焦"并将对焦环固定到位。

第三，使用定焦镜头而不是变焦镜头。如果必须使用变焦镜头，请使用最近或最远的变焦范围。

第四，在拍摄期间，相机的光圈原则上保持不变。以 35 毫米焦距为例，最好不要将光圈设置为小于 f/11，以免出现衍射效应，使图像模糊，从而显著降低相机的分辨率。

第五，使用尽可能低的感光度。感光度越高，相机传感器中产生的电子噪点就越多。这种噪点使得不同照片中像素的匹配更加困难。

第六，关闭图像稳定和自动旋转相机功能。

第七，在可变光线条件下（例如多云的室外工作环境），相机应设置为手动或光圈优先模式（使用 f/5.6—f/11 以获得最清晰的图像）。光圈优先通过改变快门速度锁定光圈并均匀曝光。有必要将曝光测光点保持在成像对象上，以获得一致的结果。将相机设置为中心点米模式（center point meters mode）。

第八，要获得最高精度的结果，请确保同一序列照片的相机参数不变。

第九，如果需要更改相机或镜头参数（包括对焦），请分组处理相关照片，分别校准多组照片。

三、现场质量检查与信息记录

（一）现场数据质量检查

采集后进行数据质量检查，应评估每一张图像是否有模糊、失焦等问题。同时，检查是否有漏拍的情况，确保所有照片能够覆盖被采集对象，并且保证图片至少有 1/2 的重合度。

数据的前期采集者宜与数据的后期处理者在工作现场对所采集的数据进行交替检查，以避免采集人员的视觉疲劳。原始图像数据采集完后，应该在现场将相机存储卡内的数据拷贝至笔记本或图像工作站进行检查。若合格，则由后期处理人员签字确认。若图像数量不够或质量不好，则需信息采集人员重拍或者补充拍摄。

最有效的检查方式是在图像数据采集的同时输出一份小的 JPG 文件，完成数据采集后进行快速的计算检查，帮助判断照片是否有丢失、重建区域是否有缺失、图像密度是否合适等（见图 5.14）。

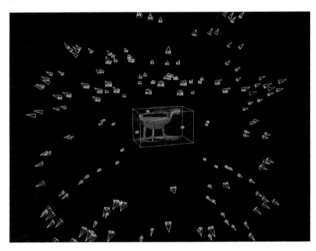

图 5.14　现场使用压缩图像进行快速计算检查

时间充裕时，可等验算过程结束后再置换文物，进入下一组的采集。如果项目时间比较紧张，可立即开始下一件文物的采集工作，但为了确保数据合格有效，应适当多拍一些，尤其是结构相对简单、特征点少的馆藏文物。多拍的数量可由经验丰富的工程师根据实际情况决定，但现场的验算环节不能省略。

（二）现场采集信息记录

工作现场采集信息记录包含但不限于以下内容：

第一，记录每件文物采集过程中所使用的技术设备以及设置参数，如相机的感光度、色温、焦距、光圈、曝光速度等。

第二，记录每件文物数据采集人员、现场工作人员、采集与登记日期等关键信息。

第三，记录每件文物采集的数据类型和数据量。

第四，宜记录采集过程中的步骤信息。

第五，宜根据采集现场信息记录的内容，制作相应信息记录表格，样式可参见附录 5。

四、数据处理

（一）图像预处理

图像数据的预处理包括图像格式的转换与校色、模糊图像的剔除等操作。

（二）三维模型计算

目前，行业领域中应用于摄影测量的软件有多种，开源的如 Bundler 和 VisualSFM 等，商业软件如 SMART 3D、PhotoScan、Pix4D 等。本书以 RealityCapture 为例。RealityCapture 是一款功能非常强大的三维模型制作软件，用户可以将拍摄的图片导入至该软件，稍等片刻后软件就可以将图片上的图形自动生成为三维模型，该功能不仅方便了想要制作三维模型的普通用户，也为一些行业人员带来了极大的便利性，大大提升了工作效率。

1. 软件特点

RealityCapture 软件具有如下特点：

第一，支持超快速草稿模式，可在 10 分钟内在笔记本电脑上对齐图像，方便现场检查。结合拥有的任何类型的"数据 – 图像"，激光扫描，航空图像。

第二，可完全自动在图像和（或）激光扫描的基础上创建虚拟现实场景、带纹理的三维网格、正交投影、地理参考地图等。

第三，为用户提供巨大的自由空间，速度快，可以让用户快速地进行三维模型的制作。

2.RealityCapture 基本处理流程

第一步：图像导入

导入拍摄完成的图像（见图 5.15）。这里以杭州博物馆馆藏文物编号 6492–32 明仿青铜纹簋式龙把白玉杯身的数据为例，图像数据使用桌面固定文物翻转一次做好加固的方式进行采集，在图像数据采集过程中相机机位、角度尽量考虑形成球形包裹的状态（见图 5.16）。

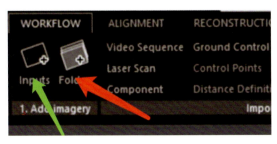

图 5.15　图像导入

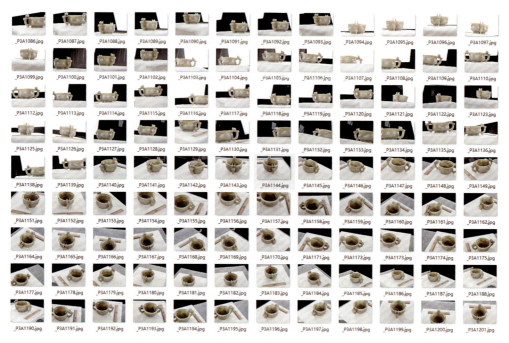

图 5.16   图像数据

第二步：对象对齐

将正反两组数据按照文件夹的方式校色、整理、命名，做好准备工作。

将正面文件数据导入或拖拽到软件中，左键单击"Alignment"面板下的"Align"，完成第一步对齐工作。本组玉器的反光与透光对图像的对齐工作造成了很大影响，本次对齐文件为 9 个"Component"，总计 253 张图像，其中有效参与计算的图像为 207 张，其他 46 张并未参与计算（见图 5.17）。

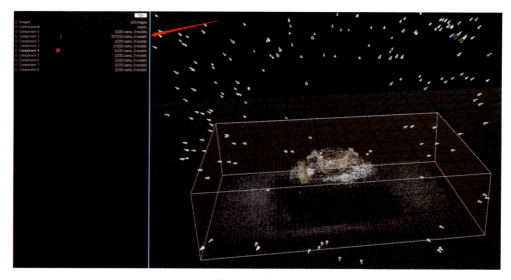

图 5.17   对象对齐

第三步：添加控制点

在 2 个"Component"中分别找到 3 张或 3 张以上的图像，左键单击"Control Points"添加图像控制点，长按鼠标左键完成图像的控制点选择，若点位选择错位，则可以删除图像或用鼠标左键长按选定的控制点，随后拖动鼠标完成位置的更改。图 5.18、图 5.19 中绿色箭头所指黄色叹号图标提示控制点中存在误差较大的图像，蓝色箭头所指的红色像素是图像控制点的误差值。每 2 个"Component"对齐时需选择至少 3 个控制点。

图 5.18　选择控制点

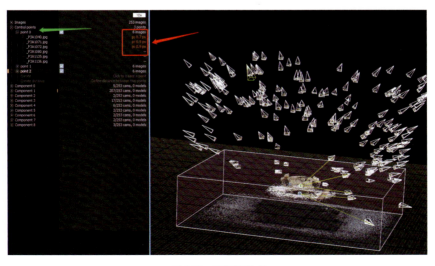

图 5.19　添加控制点

在控制点与图像的选择上，可以通过"Component"中的下拉菜单看到图像编号，也可以切换为二维显示进行图像的选择，但这两种方式都显得比较笨拙。建议在"Alignment"面板中使用"Point Lasso"命令快速选择模型中的点云区域，然后左键单击"Find Images"，即可找到与此选择区域相关的图像，同时可按住"Ctrl+"，长按鼠标左键并拖动，完成图像的快速选取（见图 5.20）。

图 5.20　选取图像

完成控制点与图像的选择后，可再次选择"Align"命令，1.1 以上版本可直接左键单击"Merge Component"图标完成图像的再次对齐。

本组文件第一次对齐后共分为 9 个"Component"，通过 3 个控制点的添加编辑再次对齐后共有 7 个"Component"，一个"Component"最多有图像 227 张。若需完成多组对齐，可继续添加控制点与图像，并选择对齐命令（见图 5.21）。

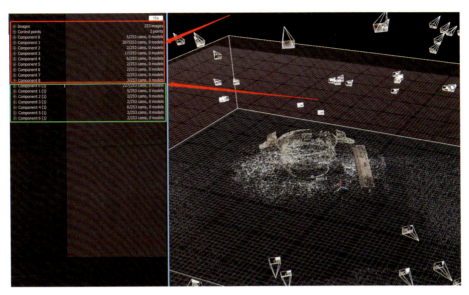

图 5.21　对齐图像

第四步：导出图像定位

完成图像的对齐工作后，选择图像对齐最多的"Component"，在"Alignment"面板下找到"Export"面板选中"Registration"，选择好路径保存本组的RealityCapture alignment component 文件待用。

参照此方法将本组文物的反面数据或多组数据也进行对齐并添加控制点，最终保存 RealityCapture alignment component 文件待用（见图5.22）。

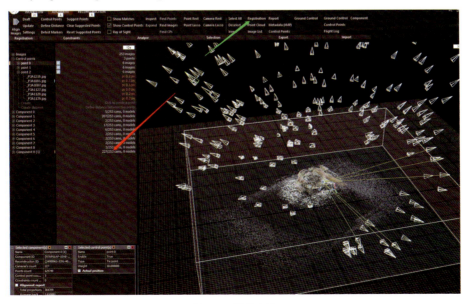

图 5.22　图像定位

第五步：多组文件对齐

新建一个空的场景文件，在"Alignment"面板下找到"Import"，左键单击"Component"，找到之前保存的 RealityCapture alignment component 文件，将多组文件导入到同一场景内。本组案例中正反两组有效对齐图像为 369 张，正面 211 张与反面 144 张组成了一个新的场景文件。在"Alignment"的"Settings"下找到"Merge components only"，将模式改为"True"，随后左键单击"Align Images"。若模型能完成正反的自动对齐，则继续进行后续的网格计算工作；若出现错位和未对齐的现象，则需要在 2 个"Component"中添加控制点后继续进行对齐，直到完成多组的对齐（见图5.23、图 5.24）。

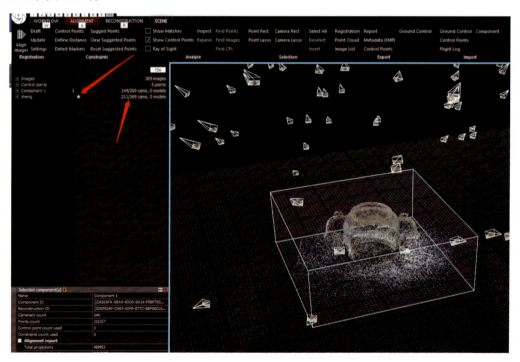

图 5.23　文件对齐

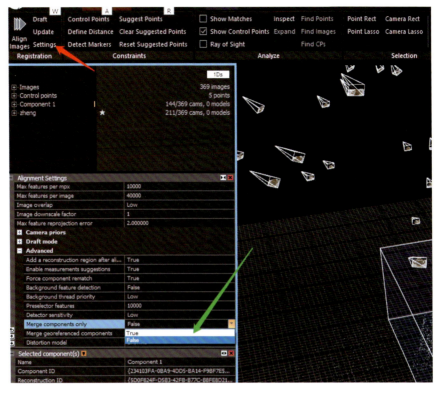

图 5.24　再次对齐

本组案例数据中 369 张正反图像最终对齐 355 张，检查完初步点云数据后，确认正反两组对齐数据满足后续的模型计算要求（见图 5.25）。

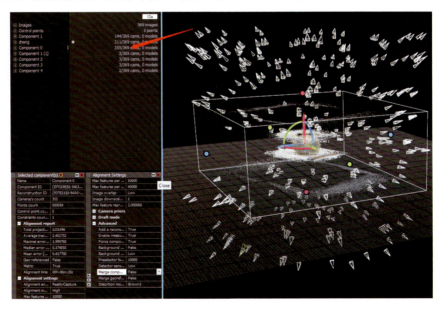

图 5.25　点云数据

第六步：约束尺寸

在无标识情况下，摄影测量的模型尺寸是自定义的，若需要对模型尺寸进行定义，可在"Alingnment"面板下"Define Distance"命令下选取两个控制点（按住鼠标左键从第一点拖动到第二点），在"Alignment""Settings"中的"Defined Distance"（定义距离），默认单位为米，完成距离定义后需左键单击"Update"，完成定义距离操作（见图 5.26）。

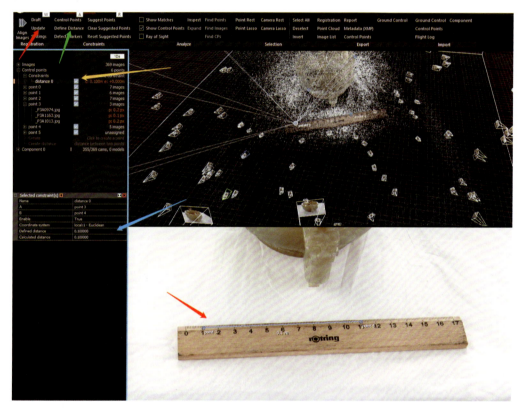

图 5.26　定义距离

第七步：定义地平面

完成定义距离工作标志着模型的对齐工作已经结束，接下来正式进入模型的密集重建过程，进入"Reconstruction"面板，找到"Define Ground Plane"，根据三轴坐标调整模型空间位置（见图 5.27）。

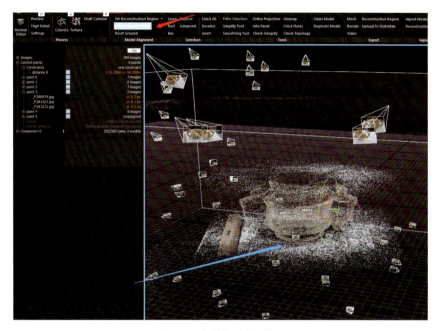

图 5.27　调整模型空间位置

第八步：模型重建区域

在 "Reconstruction" 面板中选择 "Set Reconstruction Region"，使用合适的方式根据重建框的位置对模型进行重建区域设定。可选择 Preview、Normal Detail、High Detail 三种不同精度进行计算（见图 5.28）。

图 5.28　设定模型重建区域

第九步：模型简化

此时，左侧的大纲视图中会显示模型的面片数、分块的数量，可根据自己对模型的需要进行模型简化，在"Reconstruction"面板中选择"Simplify Tool"，在弹出的对话框中设定目标三角形数量，左键单击"simplify"（见图 5.29）。

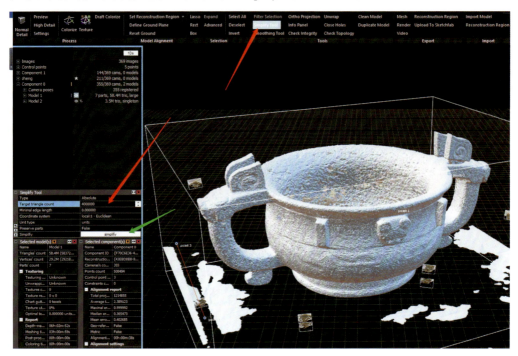

图 5.29　简化模型

第十步：模型优化

若模型出现多余部分或其他不需要的杂物就需要对模型进行优化处理，可使用 RealityCapture 自带的"Lasso"和"Filter Selection"工具完成，也可将模型导出到第三方软件如 3ds MAX、Maya、MeshMixer、Geomagic、ZBrush 等中进行处理，完成处理后将模型再次导入 RealityCapture 中（见图 5.30、图 5.31）。

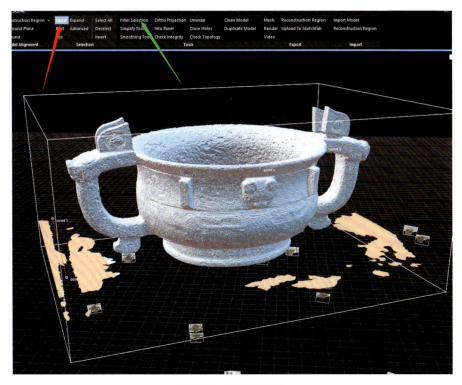

图 5.30　初次优化模型

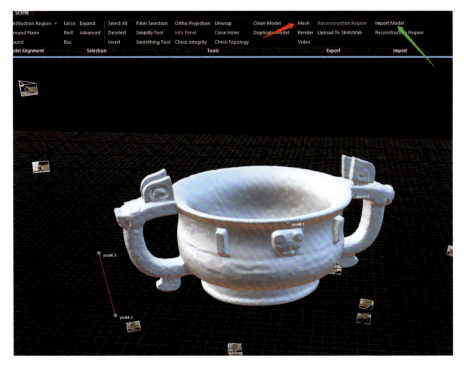

图 5.31　二次优化模型

第十一步：模型展 UV

选择需要进行纹理计算的模型，找到"Unwrap"按钮，在弹出的命令对话框中根据需求选择合适的纹理贴图计算方式、贴图数量与质量，在此推荐使用"Fixed texel size"或"Maximal textures count"两种模式（见图 5.32）。

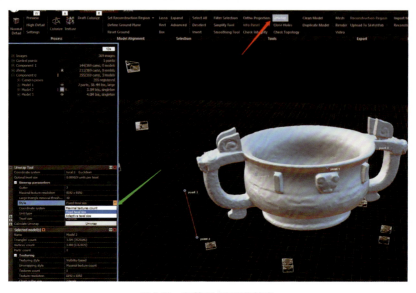

图 5.32　调整 UV 和采集精度

第十二步：纹理计算

左键单击"Texture"命令按钮（见图 5.33）。

图 5.33　纹理计算

第十三步：模型导出

左键单击"Export"下的"Mesh"，选择导出格式和路径即可完成导出（见图 5.34、图 5.35、图 5.36、图 5.37、图 5.38、图 5.39、图 5.40）。

图 5.34 模型展示

注：左上为照片，右上为网络模型，左下为彩色纹理模型，右下为无纹理模型。

图 5.35 明宣德年制款象鼻四足云龙兽钮铜熏炉（杭州博物馆藏）

图 5.36　西晋越窑青釉连珠纹兽形瓷灯座（杭州博物馆藏）

图 5.37　宋定窑白瓷印花荷花双鱼纹瓷碗（杭州博物馆藏）渲染图

图 5.38　战国云龙纹玉剑饰（杭州博物馆藏）

图 5.39　三彩钵（青州博物馆藏）纹理模型背立面正射影像图

图 5.40　彩绘木马（XB7852，新疆维吾尔自治区博物馆藏）

第六章

馆藏文物的三维数据处理

一、单色点云数据处理

　　扫描数据由几何点位置组成，采集足够的点来表达一个扫描项目而形成一个外形。这些数据是由扫描仪采集的，可以由扫描仪直接输出或者由采集软件通过各种方法来采集，各种方法来自各种不同的扫描设备。

　　点云是通用的数据类型，由单独的点位置组成。以 Geomagic 软件为例，点云可以直接通过一个或多个文件导入，或者直接由 Geomagic 扫描仪插件扫描导入图形区域。点云处理的基本流程为：全局注册—点云合并—点云采样—点云删除非连接项和体外孤点—点云封装。

　　每一个扫描片会以不同颜色加以区分，如图 6.1 所示。

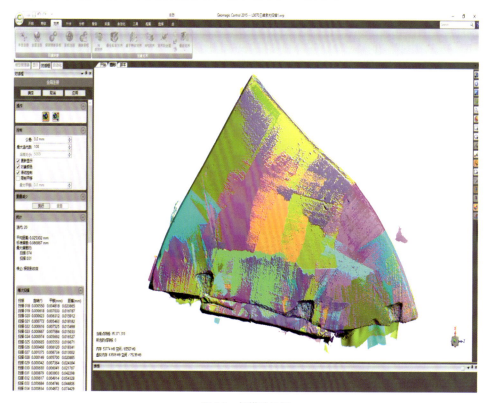

图 6.1　扫描片示例

（一）全局注册

执行全局注册的目的在于纠正扫描仪在扫描过程中机器抖动或模型轻微位移导致的模型错位，防止封装成面后模型存在夹层或者凹凸不平的现象，图 6.2、图 6.3 是未执行全局注册封装和执行全局注册封装后的成面结果。

图 6.2　未执行全局注册封装

图 6.3　执行全局注册封装后

（二）点云合并和采样

点云对齐后需要将多组扫描数据变成单组数据，点云合并后会删除重叠部分数据，点云数量大大减少。

（三）点云删除非连接项和体外孤点

扫描点云的时候经常会不小心扫描到位于主点云之外的体外孤点，这种点云被称作非连接项。在扫描时，扫描对象被放置在固定的位置上，如桌子、布等，这就使扫描数据上有许多与主体相连的场景模型，软件无法识别这些场景信息，因此无法通过删除非连接项和体外孤点去除，只能手动删除（见图6.4）。

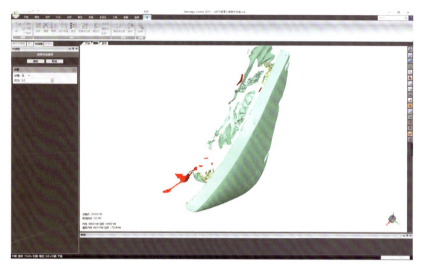

图6.4　删除非连接项

（四）点云封装

封装功能是通过在点对象上"连结点"来创建三角形面片，封装的质量取决于点云的质量。另外，采样是在不移动任何点的情况下来减小点的密度。点云数量特别多的对象执行采样功能可以加快计算机运算速度，提高封装效率。

（五）网格模型处理

一个网格模型是由原始的点云模型点相互连接形成的三维模型。使用 Geomagic 软件进行网格模型的处理流程大致为：删除钉状物与浮动三角形—减少噪点—封装—简化—填充孔—网格医生。执行网格医生后，检查模型是否完整。

二、彩色点云数据处理

结构光扫描仪的扫描成果一般为彩色点云数据，数据处理软件建议使用 Rapidform 或 Geomagic，能快速完成点云数据对齐、拼接、补洞优化等操作。

（一）加载点云数据

如果从计算数据中得到的原始点云数据量很大，为了提高效率，可以对点云数据进行采样。对于馆藏单件文物而言，原始单组点云数据量控制在200万~600万个的有效点云，比较合理。

1. 去噪点

结构光扫描仪在工作过程中难免会因为现场环境、文物结构、光栅阴影、文物本反光等原因产生噪点（见图 6.5），这时候就需要采取手动或自动的方法去除噪点。

图 6.5　扫描数据噪点示意

手动

使用 Wacom 数位笔可以迅速地将文物本身噪点及周边多余点删除，这是一个需要细心操作的过程，其结果将影响模型质量，在整个过程中需要注意产生在死角的噪点。

自动

"Filter Noise"、"Reduce Noise"将点云移至正确位置以弥补扫描产生的误差，这两个命令使对象更加平滑（见图 6.6、图 6.7）。

图 6.6　模型去噪前效果　　　　图 6.7　模型去噪后效果

2. 模型拼接

将两组或多组点云数据进行对齐，选择"Tool"下"Scan Tools"中的"Align Between Scan Data"命令（见图 6.8）。

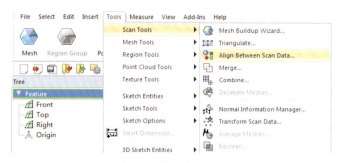

图 6.8　模型对齐菜单

3. 参考模型

左键单击"Reference"后选择一块模型作为参考模型，此模型的位置是不发生位移的（见图 6.9）。

图 6.9　参考模型

4. 移动模型

左键单击"Moving"后选择一块或者多块模型作为移动调整位置的模型与参考模型进行对齐（见图 6.10）。

图 6.10　移动模型

5. 拼合模型

完成分块模型对齐后，选择"Tool"下"Scan Tools"中的"Combine"命令并勾选"Remove Overlap Region"（去除重叠区域），选择两组或多图模型块后执行操作。

（二）网格模型处理

1. 网格模型的自动修复

执行"Mesh Doctor"（网格医生）操作可以自动修复模型中产生的交叉错面、钉状面、重叠面、法线翻转面等。其中"Remove Spikes"（消除尖峰）通过自动检测压扁或删除面片上的尖峰点；"Clean Operation"（清除交错面）适用于复杂形状校正算法，符合网格的基本点集；"Defeature"（修正重建错面）可删除多边形多余面片，重新对网格进行有序的布置（见图 6.11、图 6.12、图 6.13）。

图 6.11　问题面

图 6.12　问题面处理后

图 6.13　执行网格医生对模型进行修复后

2. 模型补洞

"Healing Wizard"（执行修补精灵）命令可进一步对模型的细节进行优化，提高模型质量，进一步完善模型三角形分布，模型中常见的三角形问题及处理方式如下。

第一，悬挂的单元面（见图 6.14）。对网格模型边缘与整体关联度不高，易形成锯齿形状从而影响模型效果的面片进行处理。

图 6.14　悬挂的单元面

第二，小群，即网格模型中孤立的面片（见图 6.15）。应进行删除处理。

图 6.15　小群

第三，小的单元面（见图 6.16）。对网格模型面积较小的面片进行处理，使其分布更为均匀合理。

图 6.16　小的单元面

注：面积小于 0.1 的小的单元面。

第四，小隧道。对风格模型类似拱桥隧道等非正常空洞（见图 6.17）进行处理。

图 6.17　小隧道

第五，小型空洞（见图 6.18）。执行"Fill Holes"（洞填补）命令，减少模型中因为受环境约束的限制，空间狭小，周边遮挡严重，对象死角过多，数据采集不够全面等而产生的小型空洞。

图 6.18　模型小型空洞示例

3. 全局重构

整体再面片化就是对选择的面片进行再创建，以提高各单元面的品质。高品质的单元面意味着单元面的形状是用相似的三角形围成的。另外，填补孔也可以创建封闭的面片（见图 6.19、图 6.20）。

图 6.19　填补孔创建封闭面片

图 6.20   全局重构效果

　　创建整洁和多样化的三角面片，可以让网格模型中面片分布杂乱无序的区域在保证模型精准度的情况下尽量变得光滑平整（见图 6.21、图 6.22、图 6.23）。

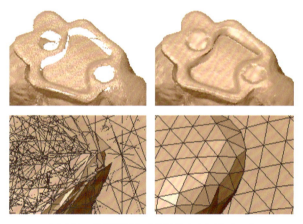

图 6.21   创建整洁和多样化的三角面片（一）

注：左上为三角面片的原始数据，右上为三角面片优化重构后的效果，左下为三角面片的原始数据细节，右下为三角面片优化重构后的效果细节。

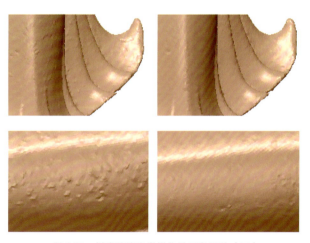

图 6.22   创建整洁和多样化的三角面片（二）

注：左上为三角面片的原始数据，右上为三角面片优化重构后的效果，左下为三角面片的原始数据细节，右下为三角面片优化重构后的效果细节。

图 6.23 修补完后效果

三、数据处理记录

宜根据数据后期处理结果与质量检查内容，编制信息记录表格，样式可参见附录 6。

四、三维数字化方法

理想的纹理映射结果很大程度上来自正确地从文物本体的图像序列里为模型表面的每一部分做出尽可能最优的选择，而且需要在最终结果呈现前对已经得到的纹理信息进行颜色上的调整，来尽可能消除模型表面纹理的颜色不一致性。传统的手工贴图方式流程复杂且极度依赖操作人员的经验，再加上相机畸变的存在，很难通过手工的方式将图像与模型完全对准。自动映射方法可根据基于多图像三维重建阶段对原始图像对应相机的标定结果，为对齐三角网格模型上的每个三角面片在原始图像上选择合适的对应的纹理区域，令一定数量的三角网格模型表面拓扑相邻的三角面片对应的纹理区域取自同一张原始图像，这样能有效降低纹理映射后表面色彩不一致性。[1]

（一）传统三维数字化技术

文物表面的几何结构和细节特别丰富，在数字化的时候需要满足高保真的要求。传统的对文物进行三维数字化的方法是基于多图像的三维重建，即通过处理文物的多角度图像得到文物的三维点云模型。

使用单反相机可拍摄文物多角度、全覆盖的高分辨率图像，有助于我们提取每张图像中的特征向量，对图像间的特征向量进行两两匹配，把特征向量的匹配结果作为三维重建的输入，迭代求解相机参数和文物的三维点云，得到每张图像对应的相机参数和文物三维点云的准确结果。

完成上述流程可使用的开源工具有 Bundler 和 VisualSFM 等，使用传统三维数字

---

[1] 刁常宇，李定康. 石质文物高保真三维数字化技术与应用 [C]. 第四届文化遗产保护与数字化国际论坛 . 2016.

化技术得到的结果是点着色模型，即点云中每个三维点对应一个 RGB 颜色值，这种点着色模型的缺点是纹理采样分辨率较低。为了得到文物更加逼真的数字化结果，在前期数据采集阶段需要拍摄多出以往数倍的文物图像才能确保最终的数字化结果的点云密度足够高，但同时这使得数据处理时间大幅增加，对原始图像上的像素利用率降低。

此外，有些文物表面的几何结构比较复杂，比如使用传统三维数字化技术难以满足石质文物数字化高保真的需求。使用 3ds MAX 等商业软件来人工实现模型的纹理映射，不仅工作量巨大，而且不能保证模型与纹理图片准确无误地对应起来。因此需要以自动纹理映射方法来进行文物的高保真三维数字化。

（二）高保真三维数字化方法

传统三维数字化技术的局限在于最终结果使用的是点着色模型，没有充分利用原始图像的像素，打破这种局限的方法是最终结果使用面着色模型，即三角网格模型上每个三角面片的像素取自纹理图片上的一个三角形纹理区域。

获取面着色模型的常规路线是通过传统三维数字化技术得到稠密三维点云模型，人工清理模型噪点并填补空洞，对模型进行泊松表面重建得到三角网格模型，结合基于多图像三维重建流程得到的每张图像对应的相机参数，在原始图像上选取三角网格模型中每个三角面片对应的纹理区域，最终合成一张纹理图片，完成纹理映射，得到面着色模型。

开源软件 MeshLab 可以实现上述流程，但它得到的结果只能对应一张纹理图片，而且模型表面纹理块连接处的接缝较为明显，纹理块之间的色彩不一致问题也很严重，只能满足非专业场景的纹理映射的要求，无法满足文物高保真三维数字化这类工作需求。

浙江大学所采用的高保真三维数字化方法融合了三维（激光）扫描与多图像三维重建技术，可以用精确的方法完整记录文物的三维信息，让文物更丰富、更准确的价值信息得以保存。流程如下所述。

1. 三维（激光）扫描

使用三维（激光）扫描仪对文物进行扫描，得到几何结构高精度的三维点云数据，清理噪点，使用三维逆向工程软件 Geomagic 对清理过的三维点云模型进行表面重建得到三角网格模型，并对三角网格模型中的空洞进行填补。如果在扫描阶段模型的精度过高，则需要对三角网格模型进行简化处理，使得每个三角面片对应的纹理区域内的像素数量不会太少。

2. 原始图像数据采集

布置好文物周围的环境，对着文物拍摄不同角度、光照均匀的原始图像。拍摄时尽量让相机与文物表面的距离相近，保证纹理映射时面积相近的三角面片对应的纹理区域里的像素数量相近，减少纹理的走样。尽量让拍摄时位置相邻的相机拍摄的照片覆盖文物足够多的共同区域，保证纹理映射的每个三角面片都有有效的纹理区域。

3. 基于多图像三维重建

使用基于多图像三维重建的方法处理文物的原始图像，得到每张原始图像对应相机的参数和文物的稠密三维点云模型。

开源解决方案主要有 Bundler 和 VisualSFM，这里引入基于多图像三维重建是为了得到纹理映射阶段需要的每张原始图像对应相机的参数以及文物的稠密三维点云模型，用于下一阶段的模型对齐。更便于工程实践的是，充分利用了 CPU 和 GPU 并行性的基于多图像的三维重建软件 VisualSFM。

4. 模型对齐

现在，我们已经得到了文物的激光扫描三角网格模型和多基于图像三维重建的稠密三维点云模型，流程中用于纹理映射的是激光扫描的三角网格模型，因为激光扫描得到的模型与文物原件在几何结构上的相似度比稠密三维点云模型要高出很多。为了使得纹理映射阶段基于多图像三维重建得到的相机参数对于激光扫描三角网格模型有效，即纹理映射时原始图像上的像素根据像素在图像中文物的位置被映射到三角网格模型表面对应的正确位置上，应根据模型特征区域几何结构的相似性，求解激光扫描三角网格模型相对于另一个模型的旋转矩阵、平移矩阵、缩放矩阵，调整模型的方位、位置、尺寸，使它们重合得最好。

模型对齐是整个高保真三维数字化流程中的关键步骤，它将以往同时作为文物三维数字化手段的激光扫描和基于多图像三维重建无缝结合起来，激光扫描的高精确度弥补了基于多图像三维重建结果几何结构精度不高的缺点，为更精确地进行纹理映射提供了新的途径。

5. 纹理映射

把基于多图像三维重建得到的原始图像对应的相机参数、原始图像和对齐过的激光扫描三角网格模型作为纹理映射的输入数据，可以得到文物的高保真三维数字化结果。

自动映射得到的模型的纹理块之间具有较高色彩不连续性，这会导致纹理块接缝十分明显，降低高保真三维数字化结果的质量，因此需要对中间结果进行全局色彩调整和局部色彩调整来最小化接缝的可见性。

最终得到的对齐激光扫描三角网格模型的纹理图片，一般会根据模型的规模及分辨率将模型隐式分割成几部分，每部分各自对应一张分辨率为 8192pix × 8192pix 的纹理图片，以提高原始图像的像素利用率，进一步提升文物高保真三维数字化的结果质量。

（三）实验结果

浙江大学对一组彩塑进行了上面所述的高保真三维数字化处理，得到的结果完整地再现了文物的原貌并且很好地避免了模型表面色彩不一致性带来的接缝明显的问题。相关实验结果见图 6.24、图 6.25、图 6.26、图 6.27、图 6.28、图 6.29。

图 6.24　彩色纹理模型与激光扫描模型对比

注：左为文物彩色纹理模型，中为文物激光扫描模型，右为两种模型对比图。

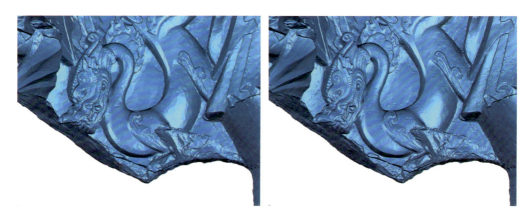

图 6.25　摄影测量数据计算模型与激光扫描模型局部对比

注：左为摄影测量数据计算模型局部，右为激光扫描模型局部。

图 6.26　李寿墓门（西安碑林博物馆藏）激光正立面正射影像图

图 6.27　李寿墓门（西安碑林博物馆藏）高清自动纹理映射正立面正射影像图

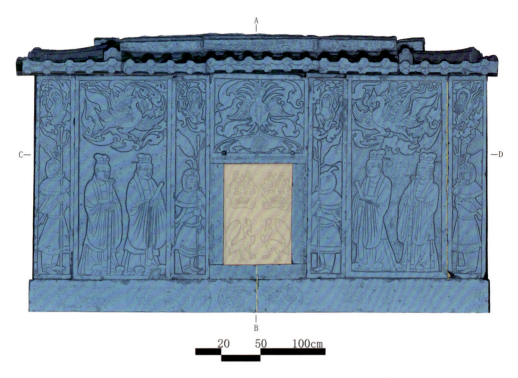

图 6.28　李寿石椁（西安碑林博物馆藏）激光正立面正射影像图

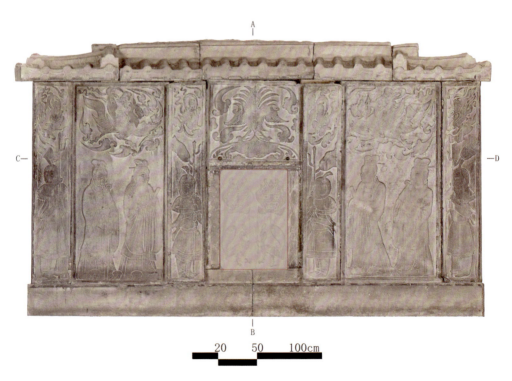

图 6.29　李寿石椁（西安碑林博物馆藏）高清自动纹理映射正立面正射影像图

五、图件制作

三维模型完成后，部分厂家自带软件支持生成正射影像图，也可使用 Geomagic 软件制作剖面与正射影像图，以下以 Geomagic 软件为例展示图件制作流程。

（一）基本要求

1. 投影法则: 第三角画法

世界各国的工程图样有两种体系，即第一角投影法（又称第一角画法）和第三角投影法（又称第三角画法）。按照《田野考古制图》（WW/T 0035—2012）的规定，"在一般情况下，应采用正投影法中的第三角画法制作馆藏器物正射影像图。特殊情况下可适当采用其他投影法制图"。

第三角画法的投影面处于观察者与物体之间（见图 6.30、图 6.31、图 6.32）。

方向代号	方向	视图名称
A	自前方投影	主视图或正立面图
B	自上方投影	俯视图或平面图
C	自左方投影	左视图或左侧立面图
D	自右方投影	右视图或右侧立面图
E	自下方投影	仰视图或底面图
F	自后方投影	后视图或背立面图

图 6.30　多面正投影的基本视图

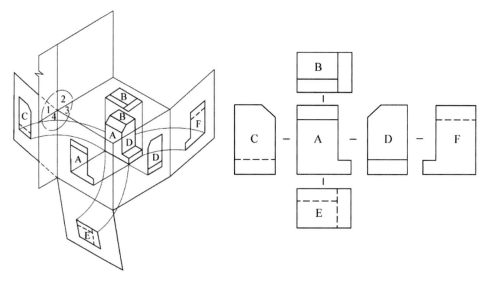

图 6.31　第三角画法投影面展开图　　　　　图 6.32　第三角画法的视图配置

2. 图框

根据《田野考古制图》（WW/T 0035—2012）的规定：可根据情况决定是否设置图框；图框一般用中粗的单实线绘制，形状为正方形或长方形；特殊情况下采用双线图框时，外框为粗实线，内框为中粗线；双线之间可标注其他内容。

3. 比例尺

可根据文物实际情况，标注比例尺（见图 6.33）。有图框和图例栏的，将比例尺放在图例栏内最下边，左右居中。特殊情况下，也可以将比例尺放在图样下方的空白处。没有图框的，将比例尺放在正射影像图的下边，一般左右居中，特殊情况下，也可放在左下方或右下方。

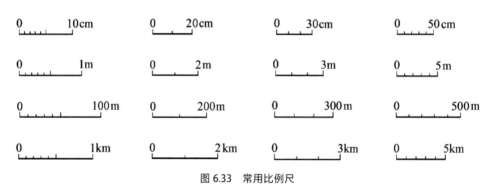

图 6.33　常用比例尺

（二）正射影像图制作

馆藏文物的正射影像图包括平面图、立面图等。一般一件馆藏文物的正射影像图应包含 6 个视角（正、背、左、右、上、下）的 6 张正射影像图，加 2 个剖面视角的 4 张（横、纵剖面，少数情况下会有 3 个剖面视角）正射影像图，共计 10（或 12）张图纸。以在 Geomagic 软件中出图为例，主要操作流程如下。

第一步，打开模型，重新设定模型位置（见图 6.34）。将模型摆正，删除多余部分，调整灯光（含纹理的模型一般用四盏灯，单色激光模型一般用一盏灯），静态显示 100%，勾选掉边、洞提示线。

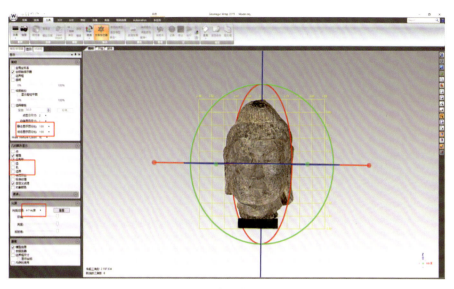

图 6.34　重新设定模型位置

第二步，在模型中添加尺寸参考线（矩形框 / 直线，图 6.35 中为矩形框，两种方式可自由选择），移动到全局，参考线长度大概取模型大小的 1/2~1/3。

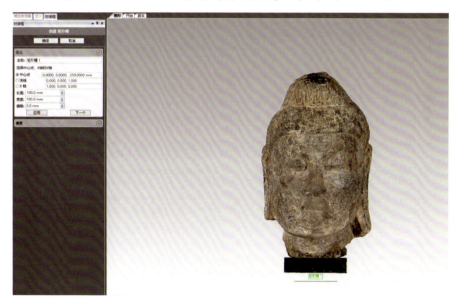

图 6.35　添加尺寸参考线

第三步，快照出图时，需将模型调到合适大小，留白太多会影响图像质量，如遇特殊形状模型，则根据具体情况调整软件出图范围。

第四步，可将快照导入 Photoshop，以 Camera Raw 方式打开，调整好曝光参数后打开图像。

第五步，使用参考线确定并标注起始段，并再次确认图像质量，取消重定图像像素，将图像分辨率调整为项目要求的技术参数（如350ppi）。

第六步，使用参考线测量标尺长度，将正射影像图标尺缩小成合适比例，以整数倍为最佳，并添加尺寸标注等信息，应确保标尺尺寸正确无误（见图6.36）。

图 6.36　最终成图效果

（三）剖面图制作

仍以 Geomagic 软件中出图为例，主要操作流程如下。

第一步，用软件打开模型，从各个视角观察图像，使得每个剖面均可以看到矩形槽但矩形槽不遮挡图像。

第二步，计算截面并快照输出。选择贯穿对象平面工具，在截面位置中定义系统坐标系，根据实际情况修改切割线位置，计算完成后分别进行快照输出（见图6.37）。

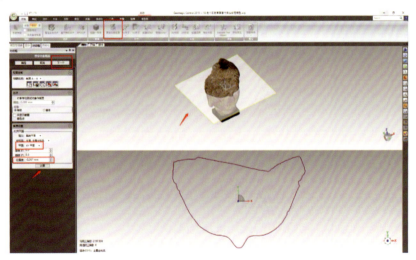

图 6.37　模型截面出图设置

第三步，使用 Photoshop 处理剖面图，添加尺寸信息。

第四步，可在正立面正射影像图上添加切线位置，如下图中的 AB 方向剖面和 CD 方向剖面（见图 6.38）。

图 6.38　切线位置添加示例

（四）等值线图制作

第一步，将采集处理完成的三维模型导入到 Geomagic 软件中，检查模型是否存在空洞、三角面错位、多片模型分组的现象，若存在以上情况请提前处理完成。本方法将以青州博物馆邢长振造像菩萨的头部模型数据为案例，讲解等值线图的制作方法（见图 6.39）。

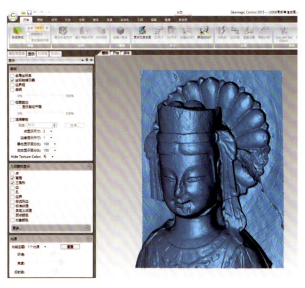

图 6.39　将三维模型导入软件

第二步，调整模型的坐标位置，在本案例中以造像的面部朝向为正面，使用工具、对象移动器配置切换视图，调整好模型的坐标位置（见图 6.40、图 6.41）。

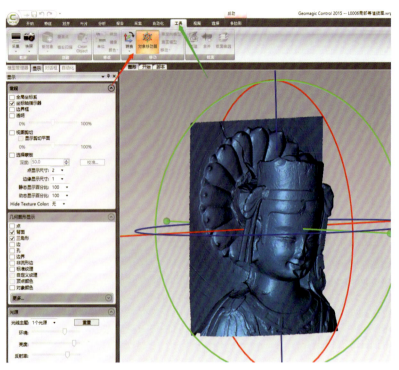

图 6.40　对象移动器位置示例

图 6.41　视图切换位置示例

第三步，选择"工具"命令面板下的"截面曲线"，进入截面曲线的操作交互界面。选择系统平面，通过侧面视角观察调整位置度、截面、间距数值，使截面曲线的范围覆盖整个头部区域，截面数据与间距参数反映的等值线之间的距离，需要根据模型大小和结构情况进行设置，一般认为设置为50~100较为合理，同时取消曲线端点的勾选。参数设置完成后，左键单击"应用"按钮，待计算完成后左键单击"确定"（见图6.42、图6.43）。

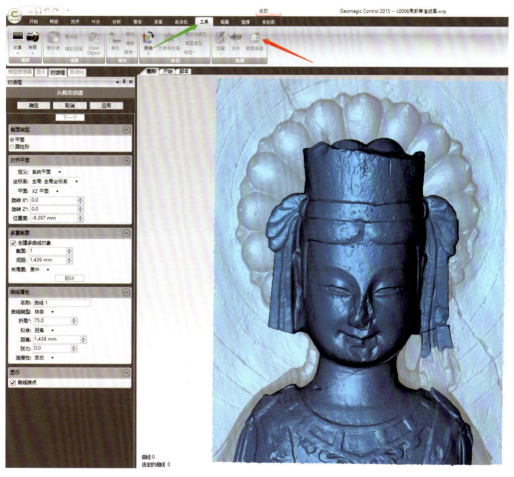

图 6.42 截面曲线位置示例

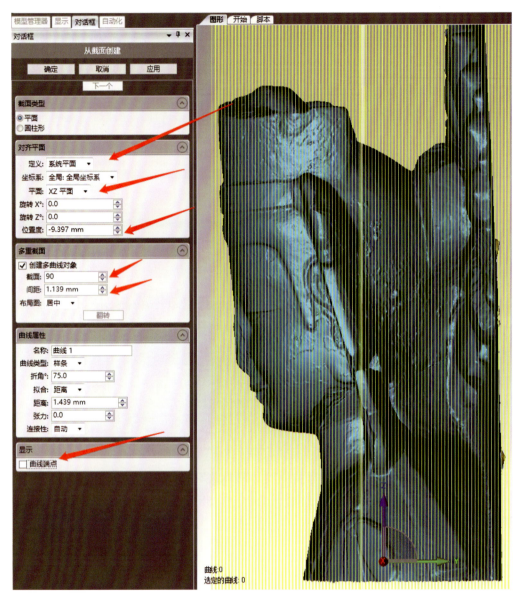

图 6.43   截面曲线界面参数设置示例

　　第四步，选择模型管理器中的"曲线 1"，在显示面板下取消曲线端点的勾选，隐藏曲线中出现的多段线端点（见图 6.44）。

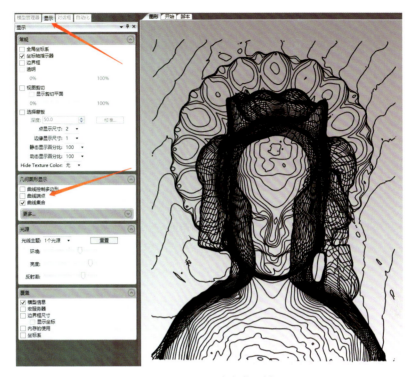

图 6.44　显示面板操作示例

第五步，调整好模型的视角，在"模型管理器面板下"选中"模型与曲线"，左键单击"快照"按钮，在正式进行快照输出前可根据个人计算机性能与需要，在"开始"选项中设置快照的路径与分辨率（见图 6.45、图 6.46、图 6.47）。

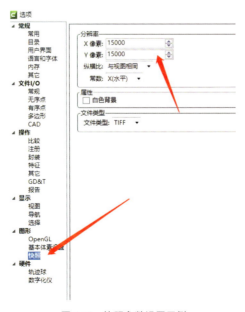

图 6.45　快照参数设置示例

图 6.46　快照存储路径设置示例

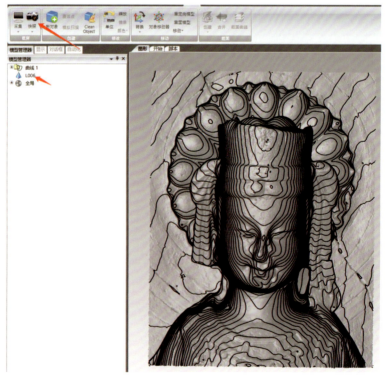

图 6.47　快照功能使用示例

第六步，在 Photoshop 软件中打开输出的快照图像，通过色彩范围选择曲线，同时填充不同的曲线颜色，裁切和调整图像分辨率后保存等值线图（见图 6.48）。

图 6.48　等值线图效果

（五）彩虹对比图制作

彩虹对比图俗称彩虹图，实际是两组三维模型的精度误差对比分析，常用在工业设计中的工业件加工质量分析上，在馆藏文物的数字化工作中常用于文物保护修缮前后的对比分析，或同一件文物在不同时间段的扫描结果分析，用于判断文物的结构安全性，便于保护方案的设计制作。本案例将针对使用不同扫描方式的同一文物进行模型的精度对比分析。

第一步，手动注册

将两组需要对比分析的模型导入到 Geomagic 中，选择两个模型文件并找到"对齐"命令下的"手动注册"（见图 6.49）。本次对比将三维激光扫描模型数据作为参考物，摄影测量模型作为误差测试物体。

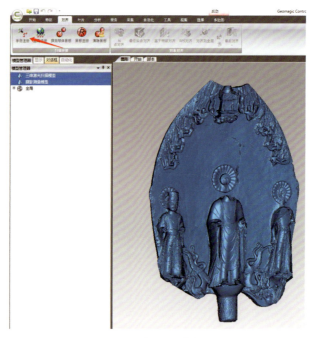

图 6.49　使用"手动注册"

选择"n点注册"，将激光扫描仪模型设置为固定模型，将摄影测量模型设置为浮动模型，完成设置后使用鼠标左键在两组模型相同的位置点选 3 个或 3 个以上的点位作为对齐点。注意，在选择对齐点时应尽量将点位分布到模型的各处，避免出现所选的 3 个点位在一条直线上或 3 个点位集中在一个很小区域内的情况，否则对模型的对齐会造成很大的干扰和不确定性，影响对齐质量。

选好对齐点后可左键单击"操作"下方的"注册器"对模型进行再次优化，最后左键单击"确定"退出"手动注册"命令（见图 6.50 ）。

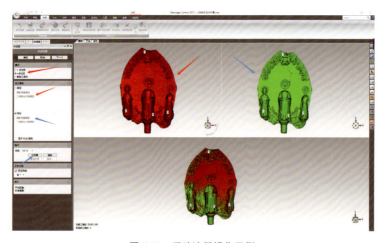

图 6.50　手动注册操作示例

第二步：设置 Reference，设置 Test

选择三维激光扫描模型，右键单击，在弹出的菜单中选择"设置 Reference"。选择摄影测量模型右键单击，在弹出的菜单中选择"设置 Test"。参考模型以红色显示，测试模型以绿色显示（见图 6.51、图 6.52）。

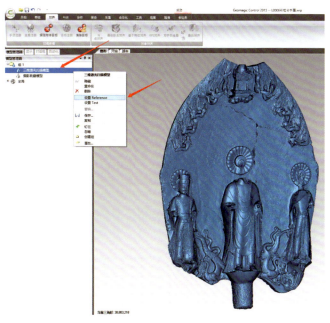

图 6.51　设置 Reference

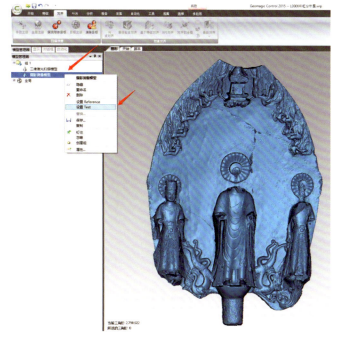

图 6.52　设置 Test

第三步：3D 比较

选择三维激光扫描模型，进入分析面板，选中"3D 比较"图标，进入对话框。最大偏差参数是指两组模型在多大的偏差区域内进行对比分析，此参数与后续色谱参数都可在"3D 比较"应用后再进行设置，可先左键单击"应用"按钮（见图 6.53、图 6.54）。

图 6.53　使用"3D 比较"功能

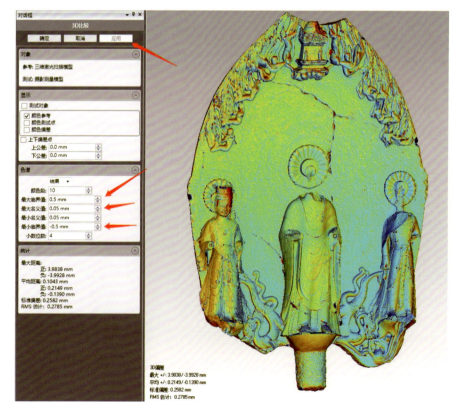

图 6.54　"3D 比较"功能相关参数设置

待两组模型 3D 比较分析完成后，开始设置对比分析的色谱对比图，最大临界值与最小临界值是一组相对数据，代表两组模型的正反最大偏差距离，最大名义值与最小名义值是在两组模型的偏差区域内的误差大小分区情况。从分布来看，两组模型在红色与蓝色区间偏差值最大，根据分析图我们可以判断，两组模型在脚部与袖摆的区域偏差值最大（见图 6.55）。最后，左键单击"确定"，完成 3D 比较分析图的制作，可在"创建注释"命令下选择偏差点制作偏差报告（见图 6.56、图 6.57）。

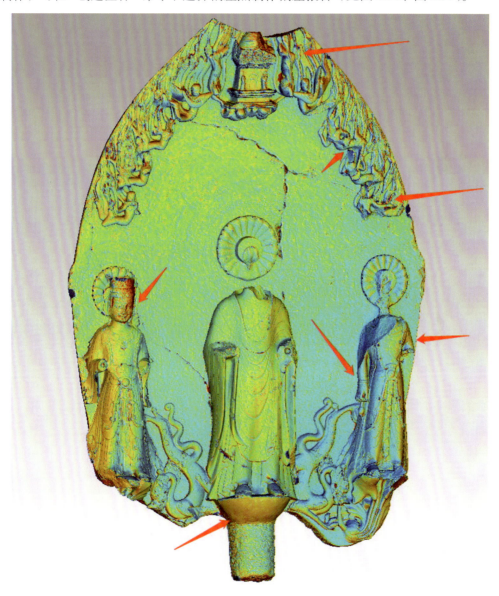

图 6.55　偏差值较大位置示例

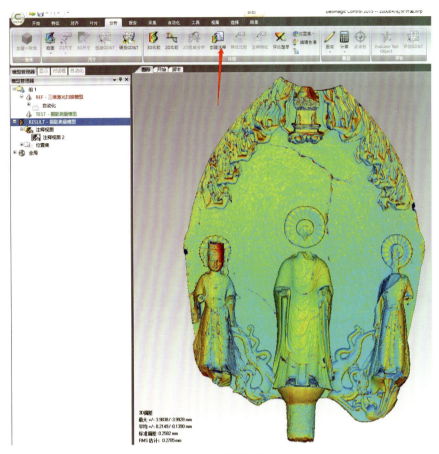

图 6.56 "创建注释"

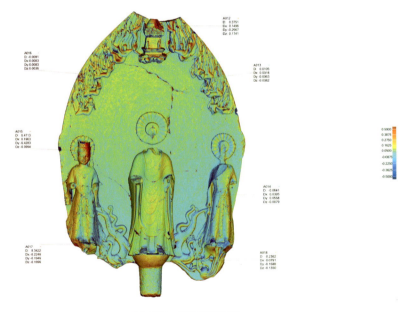

图 6.57 偏差报告效果

第七章

馆藏文物数字化成果的质量评价

随着文物数字化技术不断地趋于成熟，数字化对于提高文物的保护、研究、存档、展示及合理利用水平，发挥文物的社会功能，具有越来越重要的意义。近年来，在国家系列政策文件、专项经费的支持下，文博领域开展了系列馆藏文物数字化工程项目，大量馆藏文物数字成果也已经应用于档案留存、辅助修复、资源管理、展示利用等工作中，这些实践工作既促进了文物数字化领域的快速发展，也造成了各具特色、标准不一的复杂局面。

一、质量评价标准化文件的现状

（一）相关标准化文件概况

浙江大学作为申报单位于 2017 年申报国家文物局文物保护国家标准制订项目"馆藏文物数字化三维模型重建与质量评价"时，通过对国内外相关标准情况的详细调研，发现已发布和正在制订的相关标准化文件，并不能很好地指导相关标准化工作的开展，主要体现在：一方面，标准化文件中所给出的操作规程相对滞后。另一方面，技术考核指标难以量化和进行评价等。例如，仅有美国 Federal Agencies Digital Guidelines Initiative（FADGI）当时公布的与文物相关的 2 项二维平面数字化标准规定了颜色精度，并采用 CIEDE2000 色差作为颜色精度的评价指标。

（二）国家文物局领导下的相关标准建设工作

1. 以往发布的其他规范性文件

在推进全国文物保护标准化工作前，国家文物局也曾陆续发布了部分规范性文件，推动了相关文物数字化工作的开展。

《博物馆藏品信息指标体系规范（试行）》

本文件发布于 2001 年。鉴于博物馆行业仍然没有全国统一的藏品信息管理标准，为了有效地建立博物馆藏品信息管理系统，需要编制与之相关的规范和标准。本文件主要是为解决藏品信息数据名称不统一的问题而编制的，为全国博物馆藏品信息处理与交换所需的基本信息，提供了规范的信息格式，使各单位之间的信息交换与信息资源共享成为可能。文件对于当时的全国可移动文物数据普查和资料录入具有重要指导意义。

《博物馆藏品二维影像技术规范（试行）》

本文件发布于 2001 年，是依据《博物馆藏品信息指标体系规范（试行）》（文物博发〔2001〕81 号），结合山西、河南、辽宁、甘肃等地文物数据采集工作的实践，为满足馆藏文物信息管理系统软件对于有关数据采集著录的具体要求，由中国文物信息咨询中心组织编制而成的。

本文件为了建立全国统一的博物馆藏品信息管理系统，规范博物馆藏品信息采集著录行为，协调各单位的信息处理与交换而编制，对《博物馆藏品信息指标体系规范（试行）》做了必要的补充。文件在当时为指导完成全国第一次可移动文物普查二维影像档案采集做出了重要贡献。

《馆藏品二维影像技术规范》

本文件对应《博物馆藏品信息指标体系规范（试行）》2001 年版中的《博物馆藏品二维影像技术规范》，本文件与《博物馆藏品二维影像技术规范》的一致性程度为不等效。本文件与《博物馆藏品二维影像技术规范》相比的主要变化是：增加了二维影像扫描的技术规范；增加了二维影像拍摄环境、设备及技术要求的规定类目。本文件分为两个部分，即馆藏文物二维影像的扫描规范和拍摄规范。文件对目前馆藏文物数字化工作具有一定的借鉴意义，但所规定的技术参数与操作规程已相对滞后。

2. 标准化文件推进情况

根据全国标准信息公共服务平台查询结果，全国文物保护标准化技术委员会（简称文标委）现已发布国家标准化文件 40 项，国标计划 68 项，行业标准 86 项。上述标准文件中，并无馆藏文物数字化成果质量评价的相关标准化文件。

在现已发布的相关文件中，《馆藏文物出入库规范》（WW/T 0018—2008）、《馆藏文物登录规范》（WW/T 0017—2013）是在文物数字化过程中应参考或引用的标准化文件。

文标委自 2006 年成立以来，组织编制了一系列文物保护标准，但与全面支撑事业发展仍有一些差距，在基础标准和管理标准方面仍需加强，需要均衡不同类型文物的标准化程度，进一步完善博物馆公共服务、文物安全、文物数字化等领域的标准体系需要，提升标准的编写质量、科学性、适用性、指导性和可操作性，以保障标准支撑作用的发挥。目前与馆藏文物数字化工作密切相关，已提交送审稿，但尚未发布的标准化文件有《青铜器数字化采集》（WW/T 2016—099—T）、《青铜器二维数字化加工》（WW/T 2016—100—T）、《青铜器三维数字化加工》（WW/T 2016—101—T）、《古书画数字化采集》（WW/T 2016—097—T）、《古书画数字化加工》（WW/

T 2016—098—T）等，随着技术设备的不断升级，这些文件存在调整、合并等处理需求。

浙江大学于 2017 年承担了《馆藏文物数字化三维模型重建与质量评价》（WW/T 2017—012—T）的编写任务，于 2019 年 8—9 月，通过邮件形式邀请 20 家单位的共 22 位专家，对标准初稿进行了意见征求。2020 年 6 月 12 日，浙江大学通过视频会议形式，召开本标准专家内审会，形成了标准及编制说明的送审讨论稿（部分要求见表 7.1）。

表 7.1　带纹理贴图的网格模型精度指标

序号	内容	级别	具体要求
1	网格模型质量	一级	扫描模型完整度优于 95%： 三维模型空间精度优于 0.03mm； 平均点间距 ≤ 0.05mm，最大点间距 ≤ 0.2mm
		二级	扫描模型完整度优于 90%： 三维模型空间精度优于 0.1mm； 平均点间距 ≤ 0.2mm，最大点间距 ≤ 0.8mm
		三级	扫描模型完整度优于 90%： 三维模型空间精度优于 0.5mm； 平均点间距 ≤ 1mm，最大点间距 ≤ 4mm
2	纹理贴图质量	一级	纹理完整： 有效采样分辨率不低于 300dpi： CIEDE2000 色差小于 2.0
		二级	纹理完整： 有效采样分辨率不低于 100dpi： CIEDE2000 色差小于 3.0
		三级	纹理完整： 有效采样分辨率不低于 50dpi： CIEDE2000 色差小于 4.0
3	纹理贴图与网格模型的映射质量	一级	映射位置误差 ≤ 0.2mm
		二级	映射位置误差 ≤ 0.5mm
		三级	映射位置误差 ≤ 2mm

此外，对尚未发布的平面文物标准化文件，浙江大学于 2020 年与中国文化遗产研究院、布达拉宫等单位在孕育《贝叶经文物数字化规程》行业标准项目时，也进行了针对性思考，提出了针对二维平面文物可量化、可考核的评价方法。

3. 其他行业与地方标准

根据浙江大学的调研，目前涉及文物数字化的地方标准主要有 2 项，文件给出了质量评价的内容与方法，对相关成果技术参数要求相对全面和先进，但并没有给出对评价机构的相关要求。

《文物三维数字化技术规范器物》（意见征求稿）

2020 年 9 月，北京市文物局在其官网发布了《文物三维数字化技术规范器物》的意见征求稿。截至目前，该文件尚未正式发布。该文件由北京故宫博物院牵头，中兵勘察设计研究院有限公司、北京首都博物馆、北京市文物局信息中心、北京市文物局图书资料中心、北京建工建筑设计研究院协助。

文件规定了对器物类文物非隐蔽表面的空间信息和颜色信息进行三维数字化的技术方法、前期准备、数据采集、数据加工、成果制作和成果提交的技术要求，适用于具有稳定的空间形态和颜色外观、材料非透明的器物类文物的三维数字化。表 7.2 是该文件对三维数字化成果技术指标的具体要求。

表 7.2　器物三维数字化成果技术指标

级别	类型	内容	技术指标
存档级	一级	扫描点云	点云	尺寸误差 ≤ 0.05mm； 平均点间距 ≤ 0.05mm； 最大点间距 ≤ 0.20mm； 完整度 ≥ 98%
			网格模型	无重叠、交叉、尖锐凹凸的网格面
		纹理模型	网格模型	尺寸误差 ≤ 0.10mm； 表达的最小表面起伏变化 ≥ 尺寸误差
			纹理贴图	像素分辨率 ≤ 0.04mm； CIEDE2000 色差平均值 ≤ 2.0； 与网格模型映射的位置误差 ≤ 0.10mm； 完整度 ≥ 98%
	二级	纹理模型	网格模型	尺寸误差 ≤ 0.20mm； 表达的最小表面起伏变化 ≥ 尺寸误差
			纹理贴图	像素分辨率 ≤ 0.08mm； CIEDE2000 色差平均值 ≤ 3.0； 与网格模型映射的位置误差 ≤ 0.20mm； 完整度 ≥ 96%
存档级	三级	纹理模型	网格模型	尺寸误差 ≤ 0.30mm； 表达的最小表面起伏变化 ≥ 尺寸误差
			纹理贴图	像素分辨率 ≤ 0.12mm； CIEDE2000 色差平均值 ≤ 4.0； 与网格模型映射的位置误差 ≤ 0.30mm； 完整度 ≥ 94%
应用级	线下	纹理模型	网格模型	三角面数为存档级的 50%，原则上 ≤ 1 千万面； 表达的最小表面起伏变化 ≥ 2 倍存档级尺寸误差
			纹理贴图	像素分辨率 ≤ 2 倍存档级像素分辨率； 与网格模型映射的位置误差 ≤ 2 倍存档级网格模型映射的位置误差； 完整度为 100%

续表

级别	类型	内容	技术指标
应用级	线上	网格模型	三角面数原则上 ≤ 30 万； 表达的最小表面起伏变化 ≥ 2mm
		纹理模型	
		纹理贴图	单个器物 ≥ 8192 像素 × 8192 像素； 最小表面起伏变化 ≤ 2mm 的用法线贴图表现； 完整度为 100%

注：点云的点是扫描点，非后处理插值点。

《金属类可移动文物三维数据采集规范》（DB13/T 5260—2020）

该文件由石家庄铁道大学、河北省标准化研究院、石家庄千典科技有限公司、中国科学院上海研究所、中国艺术科技研究所共同编制，由河北省文物局提出并归口。于 2020 年 11 月 11 日正式发布，2020 年 12 月 19 日正式实施。

文件规定了金属类可移动文物三维数据采集规则、采集环境要求、三维数据采集技术要求、数据采集质量要求、数据格式与存储、质量评价标准等内容，适用于博物馆、文物保管机构、考古研究机构等各类文物收藏单位开展金属类可移动文物三维数字化采集工作。该文件对三维数字化成果技术指标的具体要求如表 7.3、表 7.4 所示。

表 7.3　原始图像精度指标

名称	级别	具体要求
纹理贴图	一级	有效采样分辨率 ≥ 1000dpi； CIEDE2000 色差 < 2.0
	二级	有效采样分辨率 ≥ 300dpi； CIEDE2000 色差 < 2.0
	三级	有效采样分辨率 ≥ 100dpi； CIEDE2000 色差 < 3.0

表 7.4　带纹理贴图的网格模型精度指标

名称	级别	具体要求
扫描点云	一级	完整度 ≥ 95%； 精度 ≤ 0.01mm； 最大点间距 ≤ 0.20mm； 尺寸误差 ≤ 0.05mm
	二级	完整度 ≥ 90%； 精度 ≤ 0.05mm； 最大点间距 ≤ 0.30mm； 尺寸误差 ≤ 0.08mm
	三级	完整度 ≥ 90%； 精度 ≤ 0.10mm； 最大点间距 ≤ 0.50mm； 尺寸误差 ≤ 0.10mm

续表

名称	级别	具体要求
纹理	一级	有效采样分辨率不低于 300dpi： CIEDE2000 色差平均值 ≤ 2.0
	二级	有效采样分辨率不低于 100dpi： CIEDE2000 色差平均值 ≤ 3.0
	三级	有效采样分辨率不低于 50dpi： CIEDE2000 色差平均值 ≤ 4.0
纹理与模型对应精度	一级	纹理映射位置误差 ≤ 0.1mm
	二级	纹理映射位置误差 ≤ 0.2mm
	三级	纹理映射位置误差 ≤ 0.3mm

对比已有的不同标准体系，各标准在分级和技术指标范围上具有良好的一致性，部分具体的技术指标参数相差也并不大，未来有望整合统一。在三维模型的空间精度（或定义为尺寸误差）方面，为适应不同体量的文物，应引入一项调节系数 K。定义文物三维模型最小包围盒的最长边长度为 L，单位为 mm；定义一个常量 $C=500$mm；K 可取值为 $K=\dfrac{L}{C}$。把三维模型的空间精度指标乘以 K 后，假如 $L=500$mm，空间精度指标为 0.05mm，则 L 取值为 10mm、200mm、2000mm 时的空间精度指标分别为 0.001mm、0.02mm 和 0.2mm，符合相应规格的技术与设备能力。

二、文物数字化成果的常见问题

在标准编制期间，浙江大学通过对现有文物数字化工程案例的分析总结、相关文博数字化的机构与企业调研、查询已发表专业文献等方式，对现阶段行业领域所采用的技术设备、采集与处理方式、最终成果已比较了解，并得出以下结论。

第一，馆藏文物数字化成果质量与所选择的技术设备密切相关。

第二，馆藏文物数字化成果质量与数据采集和处理流程密切相关。

第三，馆藏文物数字化成果质量与文物自身的材质、形状等密切相关。

上述因素或单一或综合影响馆藏文物最终三维模型成果，因此，需要从点云、纹理、纹理与模型对应精度多方面对成果模型质量进行检查（见图 7.1、图 7.2）。

图 7.1　石台孝经北壁（西安碑林博物馆藏）三维模型素
模局部 "屋壁" 和 "下雨" 四个字截取

注: 右边从上至下依次为图版、纹理、素模、素模与
网格同时显示、网格效果。

图 7.2　石台孝经北壁（西安碑林博物馆藏）三维
模型素模局部 "宗庙" 二字

注: 从左到右依次为纹理、模型、网格模型。

（一）模型问题

模型常见问题有出现夹层、空洞、点云稀疏、噪点、拼接误差、整体误差等，主要由以下几方面因素引起。

1. 文物自身因素

材质

材质问题主要是文物的高反光问题，不论是摄影测量还是激光扫描，均会受其影响。高反光越严重，影响越严重，尤以高反光与特征点单一同时存在时最为明显。在纹理映射前对相关图像进行适当的处理虽可部分解决问题，但一般情况下整体效果与文物高保真保存仍有差距。

为使高反光文物的纹理映射能取得较为理想的效果，目前可通过工程手段规避相关问题，主要有以下两种方式。

第一种，采用人工光源。为了让器物尽量光照均匀，往往需布设四个以上光源，这就意味着在采集时不论如何注意，作业对象都不可避免地会出现光斑，在进行三维重建时不但影响模型的精度，也会使纹理映射效果不佳甚至出错。

以浙江省博物馆藏的一件漆器文物为例，该文物作业时同时采用了基于多图像三维重建和高精度三维激光扫描两种方式。其中基于多图像三维重建所采用的是佳能 5D Mark Ⅱ 相机，高精度三维激光扫描采用的是 FARO 关节臂扫描仪，两种方式在计算和处理过程中均未对数据进行压缩以减少数据量，提高处理速度。

通过对该漆器的图版、纹理映射正射影像图、激光模型正射影像图（见图 7.3、图 7.4）进行比对分析可以发现，高反光材质可能会严重影响模型的精度，也容易使得纹理映射效果不佳（见图 7.5）。

图 7.3　漆器（浙江省博物馆藏）高清自动纹理映射正射影像图

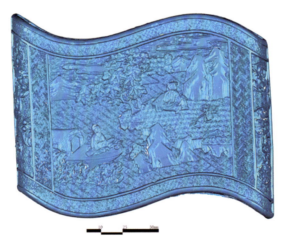

图 7.4　漆器（浙江省博物馆藏）激光模型正射影像图

图 7.5　漆器（浙江省博物馆藏）三维模型局部

注：左为素模，右为高清自动纹理映射正射影像图。

第二种，采用自然光源，即利用阴天的漫反射光源。但该方式不适合珍贵的馆藏文物，尤其是光敏性文物，同时室外环境也易受环境色干扰（见图 7.6）。

图 7.6　在阴天自然光源下对白釉执壶（青州博物馆藏）进行采集

图 7.7 是最终数字化成果图，图 7.8、图 7.9 为局部效果比对。

图 7.7　白釉执壶（青州博物馆藏）整体效果

注：左为多图像纹理映射正射影像图，中为图版，右为三维激光扫描素模正射影像图。

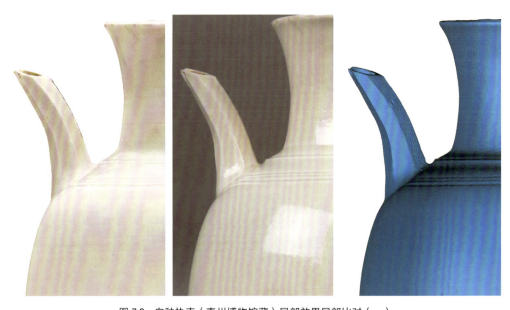

图 7.8　白釉执壶（青州博物馆藏）局部效果局部比对（一）

注：左为多图像纹理映射正射影像图（局部），中为图版（局部），右为三维激光扫描素模正射影像图（局部）。

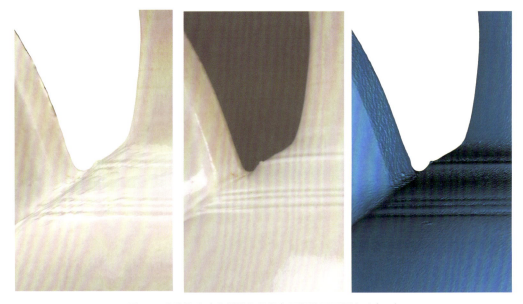

图 7.9　白釉执壶（青州博物馆藏）局部效果局部比对（二）

注：左为多图像纹理映射正射影像图（局部），中为图版（局部），右为三维激光扫描素模出正射影像图（局部）。

解决该问题的长久之计，在于提升软件算法的适应能力，比如结合光度立体与摄影测量的三维重建技术，如第一章所述，在传统的光度立体算法中，为控制光源方向而不受环境光的干扰，会将物体置于暗室内进行拍摄采集，并使用特定的标定手段如使用高光球上的白色光斑标定光源方向。与其他方法相比较，光度立体只受到光照条件的影响而不受轮廓、亮度特征点以及纹理等信息的影响。同时，这类方法可以精确计算出物体表面每个点的法向以及深度信息，故其重建结果精细程度高，且可以扩展到非朗伯反射体（例如瓷器和金属）的三维重建。通过对光度立体计算得到的物体表面法向形成的梯度场进行积分，即可得到物体的三维模型及反射系数，但阴影和高光等的影响会导致实际求解时积分路径存在误差，从而无法得到正确的三维模型。而基于特征匹配的三维重建方法虽然不能得到物体表面的完整细节，却可以很好地保持物体的三维形状。因此可以考虑将光度立体与其他三维重建方法融合，生成具有完整细节的精准三维模型，学术界的实验已证明此类方法具有在实际工作中使用的潜力。

形状

形状问题主要分为两类：第一类是文物自身结构过于复杂，相互之间形成复杂的遮挡关系，导致所采集原始数据不全。第二类是部分特殊的馆藏文物存在狭小可视孔隙，导致所采集原始数据不全。

针对上述问题，多数情况下使用摄影测量的方式会比采用扫描仪扫描方式取得更佳效果。但在比较极端的情况下，上述两类方式均无法进行有效采集，或因采集的角度受限，此区域的模型与纹理质量会比正常条件下所采集的效果要差，甚至出现纹理拉伸等情况，如图 7.10 所示。

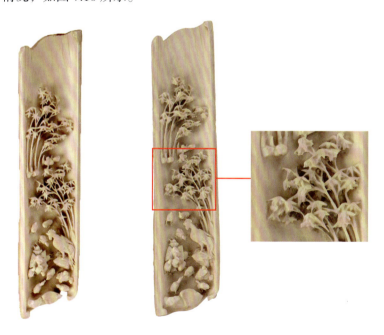

图 7.10　象牙臂搁（杭州博物馆藏）图版

注：左为图版，中为三维纹理模型，右为局部纹理扭曲部分的放大。

2. 技术设备因素

同一采集对象采用不同类型的扫描技术设备，也会产生最后数字化成果质量的区别。以标准编制期间相关数字化企业所采用典型数字化设备为例，浙江大学针对同一实验对象，使用相关设备，按照厂商所标明该设备最高采集精度进行采集实验，各设备所获取的原始数据效果差异明显，如图 7.11 所示。

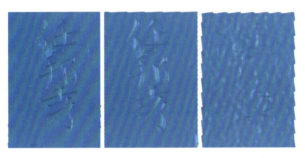

图 7.11   同一对象不同设备最高扫描精度效果比对

注：左为 FARO 机械臂扫描仪所采集的数据，三角面数为 719008 个，数据精度为 0.03 毫米，中为天远 OKIO-ColorScan 三维（光栅）扫描仪所采集的数据，三角面数为 148210 个，数据精度为 0.03 毫米，右为 Creaform Go！Scan 手持式扫描仪所采集的数据，三角面数为 12860 个，数据精度为 0.1 毫米。

选用中国天远 OKIO 精密结构光三维扫描仪、加拿大 CREAFORM GO! SCAN 便携式三维扫描仪、美国 FARO X330 激光扫描仪、美国 FARO Freestyle 手持式扫描仪、美国 FARO 关节臂扫描仪、德国 ARTEC 3D EVA 手持式扫描仪，选取某造像局部按照厂商所标明该设备最高采集精度进行采集实验，扫描结果见图 7.12、图 7.13、图 7.14、图 7.15、图 7.16、图 7.17，各设备精度、使用优缺点分析详见本书附录 7。

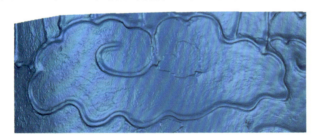

图 7.12   中国天远 OKIO 精密结构光三维扫描仪扫描结果

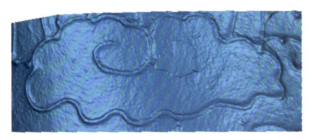

图 7.13   加拿大 CREAFORM GO! SCAN 便携式三维扫描仪扫描结果

图 7.14　美国 FARO X330 激光扫描仪扫描结果

图 7.15　美国 FARO Freestyle 手持式扫描仪扫描结果

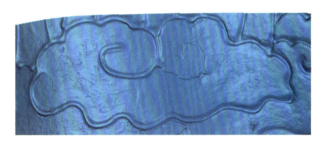

图 7.16　美国 FARO 关节臂扫描仪扫描结果

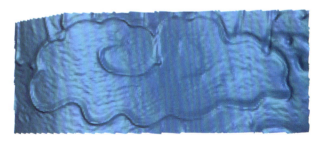

图 7.17　德国 ARTEC 3D EVA 手持式扫描仪扫描结果

　　同一组原始数据，使用不同三维重建软件，最终成果在纹理、形状等方面，也可能会产生明显差异。常见的有：第一，不同的摄影测量软件最后所得到的效果并不完全一样；第二，采用同一摄影测量软件所计算的同一组图像数据，对图像的相关调整（见图像删减等）或增加辅助手段（如增加刺点等）也可能会导致计算效果不理想或者出错的情况；第三，部分数据，也会出现部分软件无法计算出有效结果的情况（见图 7.18、图 7.19、图 7.20 ）。

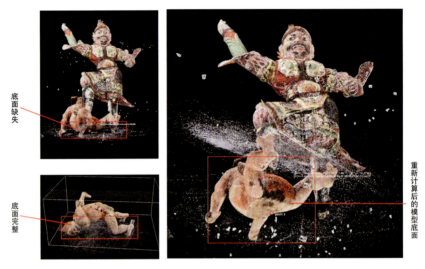

图 7.18　彩绘天王踏鬼木俑（新疆维吾尔自治区博物馆藏）数据刺点

注：左上、左下为添加数据刺点前，计算不理想；右为添加数据刺点后效果。

图 7.19　唐彩绘泥塑天王俑（新疆维吾尔自治区博物馆藏）同一模型不同显示效果

注：从左至右依次为素模、纹理、彩色点云显示。

6　　15　　30cm

图 7.20　彩绘天王踏鬼木俑（新疆维吾尔自治区博物馆藏）同一模型不同显示效果

注：从左至右依次为素模、纹理、彩色点云显示。

3. 操作问题

操作流程与个人对数据加工处理的经验也是影响文物三维模型质量的重要因素，换而言之，数据处理的水平与人员工作经验和对相关技术设备的掌握情况息息相关。

第一，在外业采集时，一些因素（如设备的晃动、低于设备规定工作温度，工作人员操作习惯等）会导致数据出现空洞、夹层、模糊等情况（见图 7.21）。因此，在外业采集过程中，应对数据质量及时进行检查。

图 7.21　采集时设备晃动导致的问题

第二，内业处理时，同一对象的三维数据可能会因不同人员的处理方式不同，或同一人员的处理流程不同，使得最终成果质量产生明显差异（见图 7.22）。

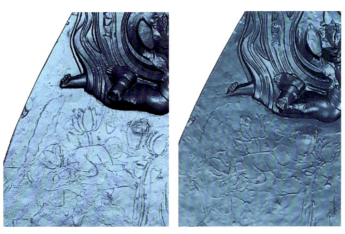

图 7.22　同一人员对同一组原始数据（青州博物馆藏）采用不同处理流程的效果比对

注：左边模型细节相对清晰，右边模型细节相对模糊。

（二）纹理贴图以及纹理与模型对应精度问题

在进行文物数字化还原时，三维扫描记录的是文物的空间坐标信息。为了准确还原文物的完整信息，需要在三维扫描的过程中，同步记录文物的高精度纹理信息。

目前馆藏文物三维数字化成果纹理数据的获得主要有三种方式。

第一种，三维扫描仪同步获取文物纹理数据。但受限于实验环境、扫描仪设置和分辨率，用这种方式获取的纹理数据质量较差（见图 7.23、图 7.24、图 7.25）。

图 7.23　Artec LEO 手持式扫描仪扫描石像生造像（岳庙藏）的效果

图 7.24　Artec LEO 手持式扫描仪扫描石像生造像（素模局部放大，岳庙藏）的效果

图 7.25　Artec LEO 手持式扫描仪扫描石像生造像（彩色模型局部放大，岳庙藏）的效果

第二种，基于人工的多重纹理贴图。利用三维图形软件，例如 3ds MAX 等使用人工交互方式，可将文物的高精度图片贴到文物三维模型上。继而借鉴透视投影成像原理，利用三维扫描透视投影模型，将文物的网格模型与图像标记点进行匹配，使文物网格模型坐标变换到所拍摄图像的摄像机坐标系，生成文物的二维色彩图像，从而进行文物的图像与模型之间的纹理映射。在进行文物透视投影原理的纹理映射过程中，文物的数字模型色彩纹理效果与标记点取值有关，标记点越多，效果越好，但计算量会急剧加大。因此，在实际的文物数字化工作中，一般采取数值计算和基于人工的多重纹理贴图相结合的方法，对文物的纹理质感和色彩进行数字化还原，便于进行后期的文物数字化应用，如图 7.26、图 7.27 所示。

图 7.26　战国玉涡纹剑饰（杭州博物馆藏）　　　　图 7.27　战国玉涡纹剑饰（杭州博物馆藏）
　　　　　基于人工的多重纹理贴图　　　　　　　　　　　　　　　最终纹理效果

第三种，利用同一场景的多张不同角度图像进行重建，生成三维点云数据，然后将激光扫描点云与重建点云进行配准。三维数据和二维图像在物理特性、几何模型、采样方式上都存在特征差异，采用该方法能够解决这一问题。利用多视图几何原理从多角度图像中重建出三维点云信息，用两个三维点云的配准解决三维点云和二维图像的配准问题。随后进行高质量的无缝纹理映射，通过重建点云与扫描点云的配准，得到二维图像与三维模型点的对应关系，然后进行无缝纹理映射，生成一个带纹理的三维模型。通常是用两步法进行的：第一步，为面片选择一张视图，产生初步纹理并进行纹理化。第二步，对纹理进行优化以达到一致性，避免相邻纹理块之间产生接缝。目前浙江大学在工作中所采用的也正是此方式。

但上述技术手段在文物数字化过程中还是会受到文物形状、材质的制约，均具有一定的局限性。纹理贴图常见的问题有多余或遗漏、拉伸或偏移、缺失或模糊、色彩不均、接边不均等（见图 7.28、图 7.29、图 7.30）。这些问题同样是所采用技术设备的合理性、操作方式的合理性以及作业对象自身材质与形状的特殊性所引起的。

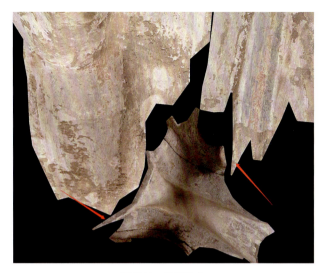

图 7.28　纹理拉伸

图 7.29　纹理缺失

图 7.30　纹理模糊

三、质量检查验收要求

质量检查验收参照《数字测绘产品检查验收规定和质量评定》（GB/T18316—2001）、《数字测绘成果质量要求》（GB/T 17941—2008）的要求执行，并应具备下列文件：文物行政管理部门批准项目的文件；项目委托书或合同书，以及项目委托方与承担方达成的其他文件；原始数据、工作记录、技术方案和检查验收报告。

四、平面扫描翻拍文物质量检查

（一）质量检查内容

1. 文物代表色评价

评价机构对平面文物进行高光谱成像测量得到的代表色，与数字化成果数据提取的代表色进行比较，判断成果数据色彩还原度是否达到指标要求。

2. 原始扫描图像评价

原始图像数据应检查内容

第一，读取原始图像的参数，判断日期设置、图像格式是否准确。

第二，通过直方图检查曝光均匀度，目视检查图像清晰度、覆盖率。

采集精度评价

第一，目测评价。对比扫描图像与全局拍摄的图像，判断原始扫描图像结果是否存在实物信息缺失或阴影、局部分辨率低或模糊等非常规成像结果；判断扫描图像是否存在几何畸变与误拼接，沿扫描路径方向进行图像均匀性判断，目测图像是否存在由运动导轨速度不均匀导致的错位、中断等质量问题。

第二，对比测量评价。采用已标定的面阵影像测量系统获取文物的部分区域图像，该面阵图像的像素精度需不高于待评价扫描图像像素精度的 1/3。

第三，几何精度评价。提取并记录图像中关键特征点间的尺寸关系，代入到扫描图像中的相应区域进行关键点比对，分析图像在文物水平方向与垂直方向的单位长度几何误差是否在允许范围内。

第四，SSIM 结构相似性评价。分别计算面阵图像与扫描图像的灰度均值、方差和协方差，采用加权算法评价图像的相似性。

第五，PSNR 峰值信噪比评价。计算面阵图像与扫描图像之间的均方误差，评价噪声失真度。

（二）原始高光谱采样数据评价

原始高光谱数据的质量评价包含但不限于这些内容：判断数据集是否含有同条件下的白场、黑场数据，是否合格；读取原始高光谱采样数据的参数，判断日期设置是否准确；检查曝光均匀度是否符合项目要求；检查采样分辨率是否优于项目要求；检查采样覆盖合格率是否优于项目要求。

（三）数字化成果图件质量评价

数字化成果图件质量评价内容包括：

第一，有效采样分辨率。针对解像力与分辨率相符的图像，计算纹理图像中每英寸的像素点数。

第二，色差。依据 CIEDE 2000 色差公式计算纹理的图像色差。

第三，局部图像形准。将数字化成果图件与精细化远心高精度成像结果进行特征形准匹配，通过二值化图像结构对比，根据文物代表性特征重合度，判断数字化成果图件质量。

第四，整体图像形准。使用高精度影像测量仪对文物整体框架结构、各行段之间的关键形状参数进行测量，对比数字化成果像素比例。

五、三维类文物质量检查

（一）文物代表色评价

评价机构对文物进行高光谱成像测量得到的代表色，与纹理贴图提取的代表色进行比较，判断模型纹理的色彩还原度是否达到指标要求。

（二）原始点云质量评价

第一，读取原始点云数据的参数，判断日期设置是否准确；

第二，对原始点云进行网格化表面重建，计算空洞区域面积比，判断表面覆盖率是否优于对应的网格模型技术指标。

（三）带纹理贴图的网格模型

1. 网格模型

第一，扫描模型完整度。计算扫描模型和补全模型表面积之比，得到扫描模型完整度。

第二，三维模型空间精度。测算三维模型的形状偏差与顶点数据分布情况，具体可分以下方法。

标准件比对：当成果模型中含有效标准件时，可计算网格模型中标准件的尺寸，与标准件的实际尺寸进行比较，得到三维模型空间精度。二级（及以上）模型必须包含标准件。当标准件含有多个标准尺寸时，将多个尺寸测量误差的平均值作为空间精度。

重复性测量比对：采用高准确度测量仪对文物进行重复测量，比对测量结果，得到三维模型空间精度。高准确度测量仪的准确度应在原测试仪器准确度的 3 倍以上。重复性测量比对应 N（$N \geqslant 3$）组不位于同一平面的空间点对。以高准确度测量结果为标准值，计算 N 组空间点间距误差的平均值作为空间精度。

平均点间距：获取点云中所有点与相邻点之间的点间距，计算平均值，得到平均点间距。

最大点间距：获取点云中所有点与相邻点之间的点间距，取其最大值，作为最大点间距。

2. 纹理贴图

第一，纹理完整情况。纹理须全面覆盖网格模型，不得出现空洞。

第二，有效采样分辨率。在解像力与分辨率相符的图像中，计算纹理图像中单位尺寸内的像素点数。

第三，色差。依据 CIEDE2000 色差公式计算纹理的图像色差。

3. 纹理贴图与网格模型的映射质量

基于给出的三维数据，选取 6 个具有代表性的测量点，分别获得其在模型的空间坐标以及纹理映射的空间坐标，分别计算对应两点之间的空间坐标之间的差。获得的 6 组点间距空间坐标差的平均值即为纹理映射误差。

六、评价方应具能力

评价方应符合以下要求：

第一，三维模型测量重建能力不得低于被评价项目的测量能力；

第二，具备代表色采样能力和标准件标定能力；

第三，具备项目所涉及的三维扫描设备、照明设备、数码相机检测能力；

第四，应具备 CNAS 或者 CMA 的资质。

第八章

三维模型简化处理与网络展示

文物数字化的高精度要求往往会导致产生数据量巨大的三维模型，其中包括了数千万甚至数亿面片数的网格模型，也包括了数千万甚至数十亿像素的纹理图像。这个规模的三维数据用于影视、游戏、陈展等领域时都会遇到很大的难度，尤其是在开展网络展示应用时，会导致难以接受的加载时间。而如果直接减少模型面片数或者贴图数量，模型质量就会出现明确的缺陷，丢失模型的大量几何与颜色细节，也就丧失了文物高精度数字化工作的意义。

因此，对于大部分的应用而言，如何将高几何精度、高分辨率纹理贴图的三维模型进行有效压缩就显得尤其重要。目前，游戏与动画领域通常采用的方案是用低面片数的网格模型配合高质量纹理贴图来反映模型颜色信息，添加法线贴图来反映模型的几何细节，添加环境光照贴图以增强模型在实时光照渲染条件下的真实感。这样的简化方法靠的是充分发挥图形处理器的快速计算能力，让模型的细节在进行渲染的时候根据各种纹理数据实时计算出来，并以此来得到近似于无压缩三维模型的效果。同时，精简后的三维模型在数据量上可以减小到无压缩三维模型的 1% 甚至 1‰，在网络传输、实时加载、互动浏览等方面都能够大幅提高效率。根据此思路，在文物数字化工作获得了精密的三维模型成果后，对其进行简化和纹理转换，可有效压缩模型的数据量，但不影响模型在展示交互时的信息与细节。

一、三维网格模型简化

文物数字化工作获得的三维模型成果包含大量的三角面片，三维网格模型简化的目标就是在保持模型总体形状基本不变的前提下，尽量减少面片数。有很多三维模型处理软件都具有面片简化的功能，各自的运行效果也不尽相同。除了三维网格模型简化效果外，对于软件而言很重要的一步是对大规模三维网格模型的支持能力。经过对不同软件的使用测试，我们发现 Instance mesh、ZBrush、MeshMixer 这几款软件在大规模模型支持、简化计算速度和简化计算效果等方面具有良好表现。其简化后的文物三维网格模型可以导入摄影测量软件，与之前计算好的文物照片一起重新进行纹理映射计算，可以获得包含高分辨率纹理贴图的简化三维模型。为方便后续的操作描述，将单个高几何精度的 OBJ 格式模型（不需要纹理贴图）命名为 ××× model_H，将一组低几何精度的 OBJ 格式模型与材质贴图若干张命名为 ×××model_L（见图 8.1、图 8.2）。

图 8.1　Instance mesh 软件界面

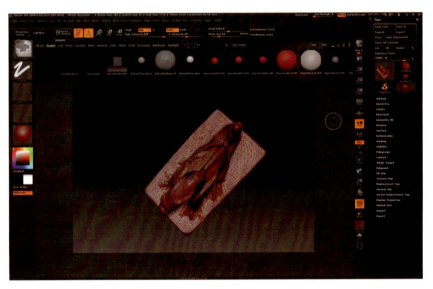

图 8.2　ZBrush 软件界面

二、纹理坐标展开

纹理坐标展开，通常也被称为 UV 展开，是三维模型与贴图对应的一个十分关键的步骤。这里对展 UV 的思路是在原模型的一个 UV 通道上新建第二套 UV 通道，处理好模型第二套 UV 的拆分线与位置后，使用插件自动进行 UV 展开。随后将第一通道的 UV 贴图烘焙到第二通道中，就可将低面片数模型的多张纹理贴图整合成一张高精度纹理贴图。

第一步，将低面片数模型导入到 3ds MAX 中（见图 8.3），使用 UVW 展开工具（见图 8.4）新建第二套 UV 通道，并使用相应的 UV 展开工具对模型 UV 进行编辑。准备好模型 UV 展开的分割线，随后使用插件完成展 UV 工作。

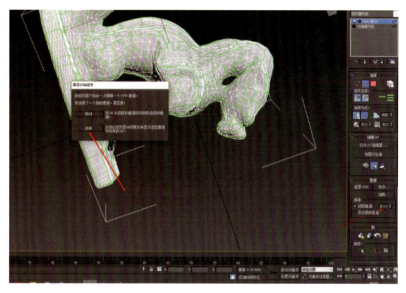

图 8.3　导入 3ds MAX

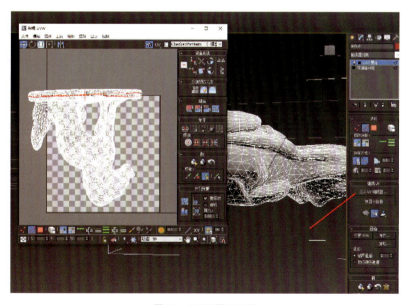

图 8.4　UVW 展开工具

第二步，建议使用插件进行 UV 展开，在此使用 Unwrella 插件（见图 8.5），完成模型分割准备后进入插件对话框，勾选"Preserve Seams"与"From Chanel"，调整贴图展开尺寸与展开算法参数，左键单击"Unwrap"按钮，进行 UV 展开计算（见图 8.6）。

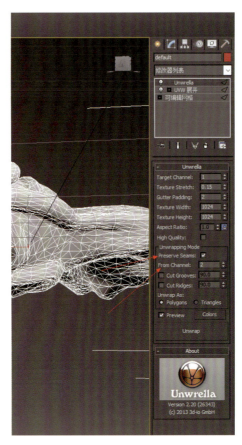

图 8.5   使用 Unwrella 插件

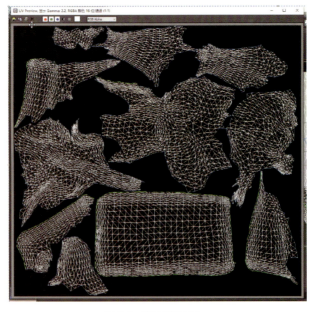

图 8.6   UV 展开计算

第三步，塌陷模型，保存模型的第二套 UV 通道文件 ×× .uvw（见图 8.7）。

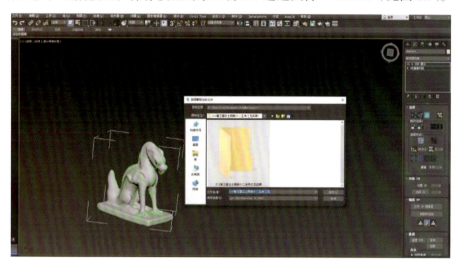

图 8.7　保存模型

三、烘焙纹理贴图

第一步，重新将低面片数模型与多张纹理贴图加载到 3ds MAX 中（见图 8.8），并将第二套 UV 模型加载到低面片数模型中。

图 8.8　加载

第二步，在场景中添加一盏顶灯，打开"渲染"命令下的"渲染到纹理"工具，设置好保存路径，填充参数，坐标贴图的通道改为第二通道（见图 8.9）。

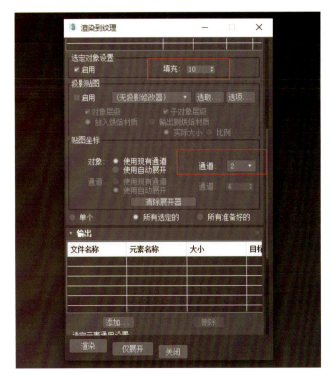

图 8.9   "渲染到纹理"工具

第三步，在输出命令下左键单击"添加"按钮，选中"DiffuseMap"，随后选择纹理保存的格式，建议使用 JPEG 或 TIFF 格式，设置贴图的分辨率，建议使用 8192 像素 ×8192 像素分辨率，最后左键单击"渲染"按钮（见图 8.10 ）。

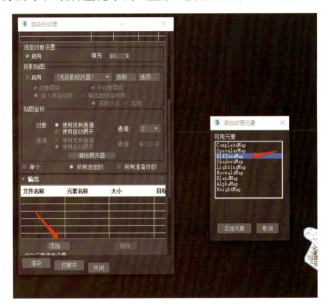

图 8.10   "添加"

第四步，将烘焙完成的模型全部塌陷，随后添加 UVW 展示命令，加载之前保存好第二通道 UVW 格式文件，再次塌陷全部。此项操作是为了删除模型的原有 UV 通道，仅保存之前的第二通道 UV，为之后的法线烘焙工作做好准备。将模型名称改为 ×××model，将贴图放置到同一文件夹内备用。

四、烘焙法线与环境遮挡贴图

烘焙模型的法线、光照等贴图的软件和方法很多，在此推荐使用 Xnormal 软件，该软件方便、简单、高效。

找到之前准备好的 ×××model_H 与 ×××model 文件，打开 Xnormal 软件，将 ×××model_H 添加或拖拽到 "High definition meshs" 中，将 ×××model 添加或拖拽到 "Low definition meshs" 中。在 "Baking options" 中勾选 "Normal map"（法线贴图）和 "Ambient occlusion"（环境遮挡贴图），最后左键单击 "Generate Maps" 按钮完成贴图的烘焙工作（见图 8.11）。

图 8.11　烘焙模型

五、模型数据展示应用

完成模型贴图的烘焙后，会得到一个简化过的模型文件，外加一张纹理贴图、一张法线贴图、一张光照贴图（见图 8.12），此模型能满足日常游戏、动画、VR、AR 等领域的高精度高细节模型展示需求。游戏领域推荐使用 Unity3D、Unreal Engine 4 进行开发，可输出 VR、AR 的文化产品，动画领域推荐使用 3ds MAX、MAYA、Blender 等软件进行动画产品制作。

图 8.12　模型贴图的烘焙结果

对于网络展示应用，推荐使用 Marmoset Toolbag 工具所提供的网络展示插件。该插件具有文件体积小、支持的功能性纹理多、网络集成方便等优势。利用该软件输出的网络化展示文件可以方便地在计算机和移动终端的浏览器中显示高质量的三维模型，并支持旋转、缩放、平移等互动操作（见图 8.13、图 8.14、图 8.15、图 8.16、图 8.17、图 8.18、图 8.19、图 8.20）。

图 8.13　简化模型导入 Marmoset Toolbag 效果

图 8.14　简化模型导入 Marmoset Toolbag 中设置完成效果

图 8.15 简化模型对比

注：左上为模型网格简化前网格效果（整体），左下为模型网格简化前网格效果（局部），右上为模型简化后网格效果（整体），右下为模型简化后网格效果（局部）。

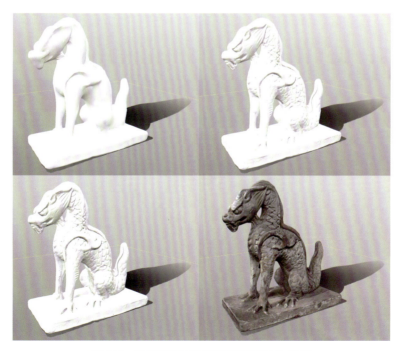

图 8.16 简化模型在不同贴图情况下的显示效果

注：左上为压缩后的无纹理模型，右上为压缩后的无纹理模型结合法线贴图，左下为压缩后的无纹理模型结合法线贴图与光照贴图，右下为压缩后的无纹理模型结合法线贴图、光照贴图、彩色纹理贴图。

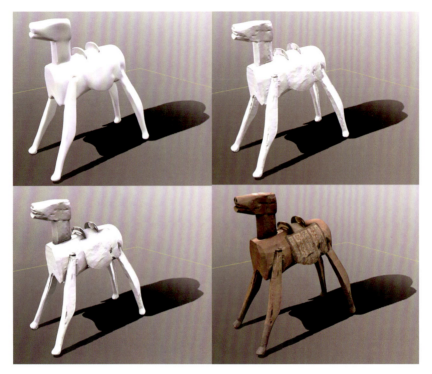

图 8.17　彩绘木马（新疆维吾尔自治区博物馆藏）文物数字化模型简化效果

注：左上为压缩后的无纹理模型，右上为压缩后的无纹理模型结合法线贴图，左下为压缩后的无纹理模型结合法线贴图与光照贴图，右下为压缩后的无纹理模型结合法线贴图、光照贴图、彩色纹理贴图。

图 8.18　彩绘天王踏鬼木俑（新疆维吾尔自治区博物馆藏）模型简化后网络展示效果（正面图）

图 8.19　彩绘天王踏鬼木俑（新疆维吾尔自治区博物馆藏）模型简化后网络展示效果（左面图）

图 8.20　彩绘天王踏鬼木俑（新疆维吾尔自治区博物馆藏）模型简化后网络展示效果（右面图）

附录1 馆藏文物数字化图像数据现场采集记录表

基本信息				
项目名称		表格编号		
文物名称		文物编号		
文物等级		文物收藏单位		
数字化扫描信息				
扫描（拍摄）内容	是否拍摄	采集设备	图像编号	主要参数设置
色卡	□是　□否			
正面全形	□是　□否			
背面全形	□是　□否			
分段、分区	□是　□否			
微观信息	□是　□否			

拍摄（扫描）时间：　　　　　　　　拍摄（扫描）质量审核时间：

拍摄（扫描）人员：　　　　　　　　拍摄（扫描）质量审核人员：

　　（签字）　　　　　　　　　　　　　（签字）

附录 2　馆藏文物数字化图像数据处理登记表

基本信息			
项目名称		表格编号	
文物名称		文物编号	
文物等级		文物收藏单位	

数字化扫描图像处理

扫描（拍摄）内容	是否拍摄	图像名称及类型	图像有效采样分辨率 /dpi	CIEDE2000色差	数据量大小/MB
正面全形	□是 □否				
背面全形	□是 □否				
分段、分区	□是 □否				
微观信息	□是 □否				
处理人员	（签字/电子签名）		复核人员	（签字/电子签名）	
处理时间			复合时间		

高光谱采样图像处理

采样内容	是否拍摄	数据名称	分析波段	光谱采样分辨率	备注
正面全形	□是 □否				
背面全形	□是 □否				
分段、分区	□是 □否				
处理人员	（签字/电子签名）		复核人员	（签字/电子签名）	
处理时间			复合时间		

注：应符合《馆藏文物登录规范》(WW/T0017-2013) 的相关规定。当拍摄有多组分区、分段的局部数据时，可自行增加表格行数。当拍摄有多张微观影像时，可自行增加表格行数。日期表示方式见《数据元和交换格式 信息交换 日期和时间表示法》（GB/T7408-2005）。当同一组数据有多个波段分析结果时，可自行增加表格行数。可对数据分析具体结论等在此做出说明。

附录 3 馆藏文物代表色采样现场采集记录表格

文物代表色外业采样临时登记表（分光光度计采样）

项目名称				表格编号				
文物名称				文物编号				
文物等级				文物收藏单位				
采样设备型号				采样时间				
采集者				质量检查者				
现场采样编号		采样区域位置		采样数值				
现场临时编号	仪器自带编号	照片原始编号	照片缩略图	照片原始编号	照片缩略图	L^*	A^*	B^*

项目负责人（签名）＿＿＿＿＿＿＿　填表人（签名）＿＿＿＿＿＿＿　数据复核（签名）＿＿＿＿＿＿＿

文物代表色外业采样临时登记表（高光谱设备采样）

项目名称		表格编号	
文物名称		文物编号	
文物等级		文物收藏单位	
采样光源		功率	
采样设备型号		采样时间	
采集者		质量检查者	

现场编号	采样区域位置		采样区域可见光图像缩略图
现场临时编号	仪器自带文件夹	照片原始编号	照片缩略图

项目负责人（签名）＿＿＿＿＿＿　　填表人（签名）＿＿＿＿＿＿　　数据复核（签名）＿＿＿＿＿＿

附录 4　馆藏文物代表色采样数据整理示例

文物代表色采样登记表汇总表（分光光度计采样）

项目名称		表格编号	
文物名称		文物编号	
文物等级		文物收藏单位	
采样设备型号		采样时间	
采集者		质量检查者	

最终编号	现场采样编号		采样区域位置		采样数值				
	现场临时编号	仪器自带编号	照片原始编号	照片缩略图	照片原始编号	照片缩略图	L*	A*	B*

项目负责人（签名）_____　　填表人（签名）_____　　数据复核（签名）_____

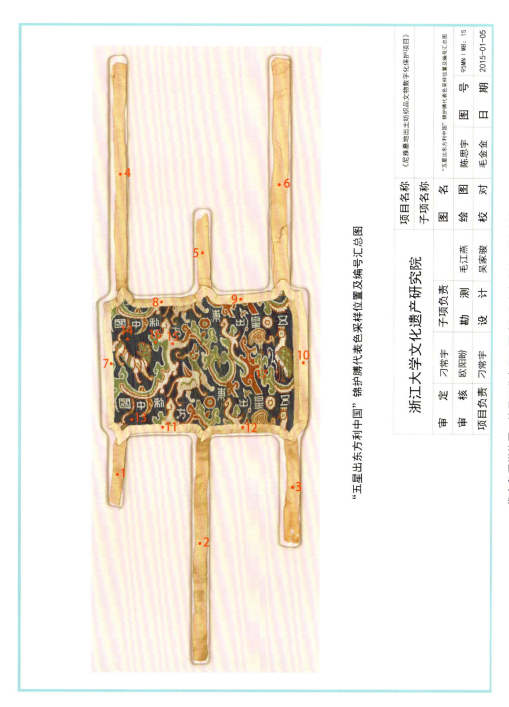

"五星出东方利中国"锦护膊代表色采样位置及编号汇总图

代表色采样位置、编号及分布平面图（以分光光度计采样为例）

项目名称			《尼雅墓地出土纺织品文物数字化保护项目》
子项名称			"五星出东方利中国"锦护膊代表色采样位置及编号汇总图
浙江大学文化遗产研究院	图　名	图	陈思宇	图　号	95MN I M8：15
	绘　图		毛金金	日　期	2015-01-05
	校　对		吴家骏		
审　定	刁常宇	子项负责			
审　核	欧阳盼	勘　测	毛江燕		
项目负责	刁常宇	设　计			

227

文物代表色采样登记表汇总表（高光谱设备采样）

项目名称		表格编号	
文物名称		文物编号	
文物等级		文物收藏单位	
采样光源		功率	
采样设备型号		采样时间	
采集者		质量检查者	

最终编号	现场编号		采样区域位置		采样区域可见光图像缩略图
	现场临时编号	仪器自带文件夹名称	照片原始编号	照片缩略图	

项目负责人（签名）＿＿＿＿　　填表人（签名）＿＿＿＿　　数据复核（签名）＿＿＿＿

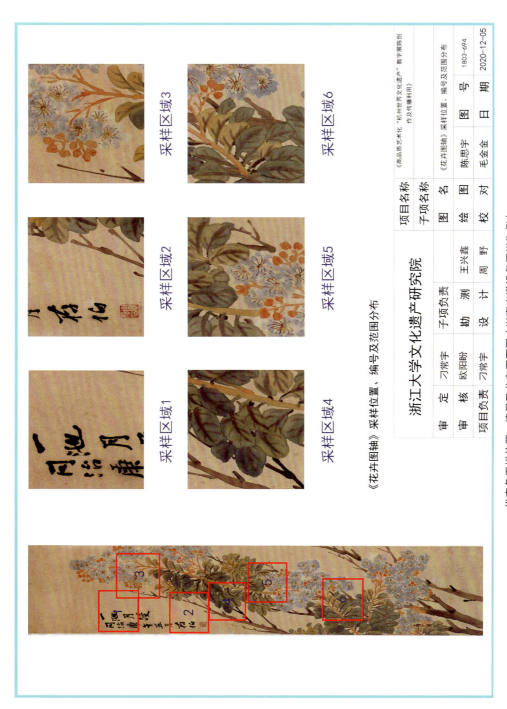

《花卉图轴》采样位置、编号及范围分布

代表色采样位置、编号及分布平面图（以高光谱设备采样为例）

项目名称				《高品质艺术化"杭州世界文化遗产"数字展陈利用作及传播利用》		
子项名称				《花卉图轴》采样位置、编号及范围分布		
图　名				图　号		1803-694
绘　图	陈思宇			日　期		2020-12-05
校　对	毛金金					

浙江大学文化遗产研究院

审　定	刁常宇	子项负责	王兴鑫
审　核	欧阳盼	勘　测	周　野
项目负责	刁常宇	设　计	

附件 5　馆藏文物三维重建数据现场采集记录表

项目名称		表格编号	
文物名称		文物编号	
文物等级		文物收藏单位	

1. 扫描仪采集			
设备型号		工作站配置	
标准件 / 标靶点放置	□是　□否	标准件 / 标靶点类型	
作业温度		作业日期	
采集者		质量检查者	
数据名称与编号		分组数据量大小 /GB	
分组 1+ 自定义命名			
⋮			
数据量小计 /GB			

2. 摄影测量与纹理映射			
相机型号		镜头型号	
白平衡		感光度	
灯光型号		数量	
灯光输出功率		色卡型号	
标准件 / 标靶点放置	□是　□否	标准件 / 标靶点类型	
采集者		质量检查者	
数据名称与编号	图像数量 / 张	图像格式	分组数据大小 /GB
分组 1+ 自定义命名			
⋮			
数据量小计 /GB			

项目负责人（签名）＿＿＿＿＿＿　　填表人（签名）＿＿＿＿＿＿　　数据复核（签名）＿＿＿＿＿＿

附录 6　馆藏文物三维重建数据处理记录表

项目名称		表格编号	
文物名称		文物编号	
文物等级		文物收藏单位	
扫描面积 / ㎡		覆盖百分比 /%	
处理过程	□配准 □绝对坐标配准 □降噪除杂 □赋色 □抽稀		
点云配准方法	□标靶 □特征点 □其它 ___ _____	配准站点数量	
平差后的平均误差 /m 同名点平均误差	标靶总数量		标靶点平均误差	
绝对坐标配准方法	□地形图 □ RTK □ GNSS		
抽稀比		抽稀后点间距 /mm	
处理前总点数 / 亿		处理后总点数 / 亿	
点云成果格式	□ TXT □ PLY □ WRL □ OBJ □其它 _____	是否存在分层	□是 □否

纹理映射	大小	_____MB	纹理是否完整	□是 □否
	数量	_____ 张	网格模型与纹理对应精度复合性	□是 □否

扫描仪 / 计算软件型号		处理软件	
处理单位		网格模型文件名	
项目负责人		处理时间	

项目负责人（签名）_____　　　填表人（签名）_____　　　数据复核（签名）_____

附录 7　山西洪洞水神庙 S3 局部多类型扫描仪实验数据汇总表

设备名称	设备精度	效果分析	成果截图	设备优缺点分析
OKRO-Colour Scan 天远三维扫描仪	设备精度为 0.03mm	可以清楚表示出最小花纹纹理		1. 扫描时间过长，处理时间过长，单次扫描幅面太小，对于细节复杂部分有小漏洞； 2. 扫描要求工作空间大，不能受强光直射
GO!SCAN 三维扫描仪	设备精度为 0.1mm，分辨率为 0.5mm	可以基本表示出最小花纹纹理		1. 扫描快捷； 2. 扫描要求工作空间小，不能受强光直射
FARO X330 三维激光扫描仪	设备精度为 2mm	可显示部分花纹、点云稀疏		1. 扫描便捷； 2. 受外界环境影响小
FARO Freestyle 扫描仪	三维点精度 < 1.5mm	可显示部分花纹、点云稀疏，成面后空洞较多		1. 方便快捷，扫描范围为 0.5~3.0m； 2. 目前温度对设备无影响； 3. 不能受强光直射

设备名称	设备精度	效果分析	成果截图	设备优缺点分析
FARO 机械臂扫描仪	单点精度为 ±0.029mm，空间体积精度为 ±0.041mm，工作环境温度为 10~40℃	扫描精度高，实验组面片数为 6 千万		1. 精度高，操作技术性强； 2. 数据量大，数据处理时间长； 3. 设备受温度影响大（低温时容易出现扫描精度不高、设备死机等问题）； 4. 测量范围直径 2.7m，测量臂灵活性不高

后 记

浙江大学是我国最早开展文物数字化技术研究的高校之一。1999 年下半年，我有幸加入了鲁东明教授领导的文物数字化研究团队进行学习，并在之后一直追随以文物数字化信息采集与处理为主的研究方向。2010 年，我从浙江大学计算机科学与技术学院博士后出站时，浙江大学组建了文化遗产研究院，这让我有机会把一直以来的研究兴趣变成自己全职的工作。2011 年，李志荣教授加盟浙江大学文化遗产研究院，在她坚实又极具前瞻性的考古学理论指导下，浙江大学的文物数字化研究工作方向越来越清晰，也获得了越来越多的实践经验。2017 年，我主持的国家文物局文物保护国家标准制修订项目"馆藏文物数字化三维模型重建与质量评价"启动，并获得了 14 家博物馆、科研单位和相关企业的合作支持。此标准的编制工作中，所有合作团队成员都认为有必要将收获和感悟整理出来，为馆藏文物数字化行业的发展做出贡献。

本书凝聚了多位浙江大学文物数字化研究团队同仁的共同努力：李丽、毛金金、李敏、秦菲菲以及我指导的研究生裘霖山、葛云飞、韩岩儒、闵忠宇等参与了第一章的编写工作；欧阳盼、毛金金等主要参与了颜色与质量评价方面内容的编制工作，包括本书第二、三、七章；第四、五、六章中的大部分案例来自浙江大学文化遗产研究院多年来的实践成果，尤其是黄硕、汪斌、王兴鑫、周野、祝兰兰、任泉桦、罗凯、毛江燕、吴家骏等同事多年来的辛苦付出；张楚云、王琦、李衍宇、陈思宇等完成了本书的文字统筹工作。

本书得到了山西博物院和薛峰研究员、陕西历史博物馆和杨文宗研究员、西安碑林博物馆和张安兴研究员、新疆维吾尔自治区博物馆和张远华研究员、山东省博物馆和邵云研究员、浙江省博物馆和张永春研究员、新疆维吾尔自治区文物考古研究所和尚玉平研究员、云冈石窟研究院和宁波研究员、中国丝绸博物馆和杨海亮研究员、青州市博物馆和王瑞霞研究员与周麟麟研究员、杭州市博物馆、北京云居寺、浙江省计量科学研究院和陈哲敏研究员、北京中鼎恒信科技股份有限公司和王刚研究员、山西文物博物产业集团有限责任公司和程虎伟研究员、浙江大学建筑设计研究院有限公司和欧阳盼研究员、北京天远三维科技股份有限公司和李仁举研究员、杭州思看科技有限公司、"中国历代绘画大系"出版团队等的大力支持，在此表示衷心感谢！

在本书的著述过程中，美国哈佛大学 Peter Der Manuelian 教授、西北大学杨军昌教授、北京大学颜海英教授、北京故宫博物院黄墨樵研究员、中国科学院黄俊研究员和重庆中国三峡博物馆赵卓研究员提供了珍贵资料与宝贵建议，在此表示诚挚的谢意！

本书即将出版，这是一个向更多业内专家请教学习的机会。本书囊括了浙江大学文物数字化团队多年来的工作成果，这不仅是一个阶段性工作梳理，更是"文物数字化保护技术丛书"的第一部。真诚希望得到国内专家学者的建议、帮助和指导，以便我们在将来的工作中，能够更加严谨、有效、规范，勇于创新，不断提升工作的深度和广度。

谨将此书献给所有文物保护工作者。

刁常宇
2021 年 6 月 10 日
于浙江大学